„Der Topf daheim
kocht lustiger als jeder andere."
Sprichwort

Dieses Buch gehört:

Das Kochbuch aus Westfalen

gesammelt und aufgeschrieben von
Gisela Allkemper

verlegt von
Wolfgang Hölker

ISBN-NR: 3-88117-070-7
VVA-NR: 280/00070-1

D-4400 Münster, Martinistraße 2

Printed in Germany by Druckhaus Cramer, Greven
Imprimé en Allemagne
Buchbinderische Verarbeitung: Klemme und Bleimund, Bielefeld
Musterschutz angemeldet beim Amtsgericht Münster

Inhalt

Vorwort

Nachdem vor vier Jahren »Das Kochbuch aus dem Münsterland« erschien, zu dem meine Freundin Annelene von der Haar und ich den Text beigesteuert hatten und mit dem eine ganze Serie von Landschaftskochbüchern begonnen wurde, waren viele, viele Leser von der Idee, alte Rezepte neu aufzuspüren, zu sammeln, um sie wieder kochen zu können, allgemein begeistert.
Das hiermit vorliegende »Kochbuch aus Westfalen« entstand auf vielfachen Wunsch aus der Leserschaft, doch auch die anderen Teile Westfalens in ihren Koch- und Eßgewohnheiten darzustellen.
Und so sammelte ich alte Kochrezepte aus dem Paderborner Land, aus dem Lipper Land, aus dem Sauer- und Siegerland und aus dem westfälischen Teil des Weserberglandes. Zur Vervollständigung des Gesamtbildes fügte ich noch Beispiele aus »Das Kochbuch aus dem Münsterland« und aus »Das Kochbuch aus dem Ruhrgebiet« hinzu, soweit es den westfälischen Teil angeht.
Damit dürfte ein Überblick gegeben sein über das, was in Westfalen früher so »up'n Disk« kam. Schwärmt man in ganz Westfalen von Dicken Bohnen, von Grünkohl oder Pfannkuchen, so hat doch jeder Landschaftsteil seine ureigenen Gerichte, wie »Töttchen« im Münsterland, »Pickert« im Lipper Land, »Eierkäse« im Siegerland und »Knappkuchen« in der Warburger Börde.
Dieses Kochbuch soll Ihnen aber nicht nur die Vielzahl westfälischer Gerichte aufzeigen, sondern Sie mit alten Sitten und Gebräuchen um Essen und Trinken am Alltag und Feiertag bekanntmachen.
Ich wünsche, das Buch macht Freude, weckt angenehme Erinnerungen, regt zum Gespräch über alte Lebensformen und zum Nachkochen der Rezepte an.

Guten Appetit
wünscht Ihnen Ihre

Gisela Allkemper

fig 1

Suppen, Soppen und Kaltschalen

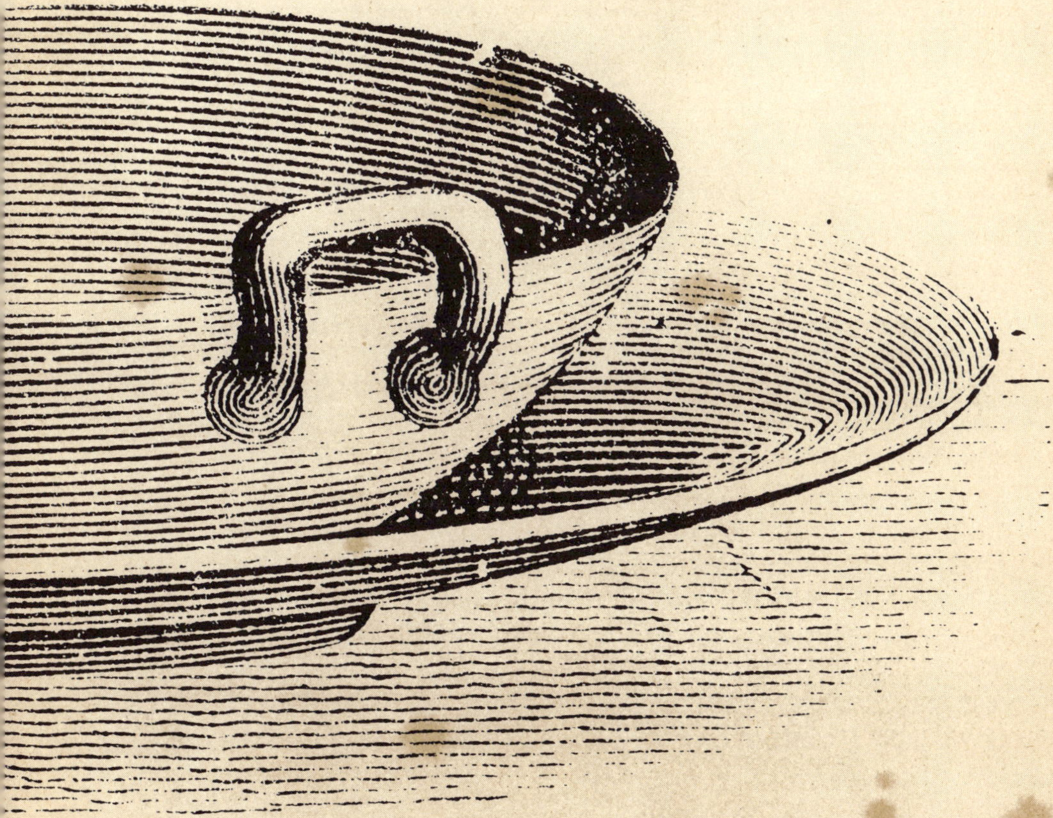

Früher war es in Westfalen ganz und gar unüblich, werktagsmittags eine Suppen, bzw. eine Rindfleisch- oder Hühnerbrühe zu servieren. Das blieb den Sonn- und Festtagen vorbehalten. Die Arbeit im Haus, auf dem Hof und dem Feld ließ nicht viel Zeit zum Kochen und Essen komplizierter oder langwieriger Gerichte übrig. Deshalb gab es meistens nur einen Eintopf (s. S. 56ff.). Morgens in aller Frühe aber und abends wurden Milchsuppen, Grützen und Soppen gelöffelt, da sie satt machten und wenig kosteten.

Suppen

Rindfleischbrühe

Sie ist an Sonn- und Feiertagen immer der Auftakt zu festlichen Menüs. Das Fleisch wird mit Zwiebelsoße (s. S. 94) und einem Gewürzgürkchen als Zwischengericht vom Suppenteller gegessen.

Zutaten je 500 g Suppenfleisch (Rippenstück, Oberschale, Schwanzstück), 1 l Wasser, 1/2 Teel. Salz, 1 Bund Suppengrün (Porrée, Möhre, Zwiebel, 1/4 Sellerie), 1 Markknochen

Das Fleisch in kochendem Salzwasser aufsetzen und 1 Std. langsam bei geschlossenem Topf kochen lassen. Danach das Suppengrün zugeben und noch einmal 1/4 Std. kochen. Das Suppengrün und das Fleisch aus der Suppe nehmen. Die Suppe wird noch einmal mit Salz und Suppenwürze abgeschmeckt. Die Suppe wird mit Eierstich, Blumenkohlröschen, Spargelstückchen und gehackter Petersilie angereichert. Zu großen Festen wie z. B. Hochzeiten wird auch wohl ein Huhn mitgekocht, das ebenfalls als Zwischengericht, mit dem Rindfleisch zusammen, gegessen wird.

Taubensuppe

Schon zu Großmutters Zeiten galt »Taubensuppe« als besonders bekömmlich für Kranke und Rekonvaleszenten.
Da im Ruhrgebiet viele Brieftauben zu Preisflügen gehalten werden, ist die Verwertung alter Tiere zur Suppe sehr beliebt. Tauben, die nicht reinrassig und zur Zucht nicht geeignet sind und nur als »unnütze Fresser« gelten, werden jung geschlachtet (nach 6 Monaten wird das Fleisch zäh) und gebraten.
Taubensuppe kocht man wie Rindfleischsuppe mit Sellerieblättern, Porrée, Zwiebel und Möhre etwa 1 ½ Stunden lang. Das gargekochte Fleisch findet als Suppeneinlage Verwertung.

Zwiebelsuppe

ist ein guter Muntermacher bei einem Kater und als Aschermittwochessen sehr beliebt.

500 g Zwiebeln, 1 kg Kartoffeln, 2 l leichte Brühe, Salz, Pfeffer, 1–2 Eßlöffel Essig, etwas Zucker, 4 Mettendchen oder 250 g Bratwurst, 60 g durchwachsener Speck, 60 g Butter

Die Zwiebeln und die Kartoffeln werden kleingeschnitten und in der Brühe weichgekocht. Man zerstampft sie und würzt die Suppe mit Salz, Pfeffer, Essig und Zucker. Wenn man Mettendchen bevorzugt, so kocht man diese in der Suppe mit und schneidet sie danach in Stücke. Speckwürfel werden in der Butter ausgelassen und in die Suppe eingerührt. Bevorzugt man aber Bratwurst, so brät man diese in der Butter mit den Speckwürfeln zusammen an, schneidet sie in Stücke und mengt dann Fleisch, Speck und Fett in die Zwiebelsuppe.

Besonders gut
nach Rosenmontag

ganz heiß servieren!

Altwestfälische Pumpernickelsuppe

2 Scheiben Weißbrot, 6 dicke Scheiben Schwarzbrot (Pumpernickel), 1 Zimtstange, 1 l Wasser, ½ l Weißwein, 50 g Rosinen, 2 Eigelb, 1 Eßlöffel Zucker

Das Brot mit der Zimtstange und dem Wasser zum Kochen bringen. 1 Std. kochen lassen. Danach die Suppe durch ein Sieb streichen, Wein und Rosinen zugeben und noch einmal 10 Min. lang kochen lassen. Die Eigelb verschlagen und mit dem Zucker in die Suppe rühren. Da das Eigelb schnell stockt, darf die Suppe von nun an nicht mehr kochen. Sehr heiß zu Tisch geben.
Diese Suppe wurde im Tecklenburger Raum häufig zum Abendbrot gereicht. Das alte Brot ließ sich auf diese Weise verwenden. Danach aß man Brotschnitten oder das aufgewärmte restliche Gemüse vom Mittag.

Beerwarmbeer

Das ist eine heiße Biersuppe, die im früheren Ladbergen der Auftakt eines Richtfestessens war. Danach folgten Sauerkraut mit Speck und anschließend »dicker Reis«, mit Zimt und Zucker bestreut.

½ l Mich, 1 Prise Salz, 40 g Speisestärke, ½ Vanillestange (heute 1 P. Vanillezucker), 60 g Zucker, ½ l Bier, 2 Eier

Die Milch wird mit dem Salz, der Vanillestange und dem Zucker zum Kochen gebracht. Die Speisestärke wird mit etwas kalter Milch verrührt und in die heiße Milch gegeben. Danach fügt man das Bier hinzu und läßt die Suppe einmal aufkochen. Die nicht mehr kochende Suppe wird mit den Eigelb abgezogen. Die Eiweiß werden steif geschlagen und mit einem Teelöffel auf die heiße Suppe gesetzt. Man verschließt den Topf mit einem Deckel und läßt die Klöße 5 Min. auf der Suppe ziehen, damit sie fest werden. Die Klöße dürfen nicht kochen.

Claus Lieblingssuppe!

Buttermilchsuppe »Remmelken«/Milchsuppe

Milch- oder Buttermilchsuppen waren noch um die Jahrhundertwende in ganz Westfalen die Frühspeise schlechthin. Bevor die Bauern mit ihrer Arbeit begannen, aßen sie, um 4 oder 5 Uhr in der Frühe, diese Buttermilch- oder Milchsuppen. Sie löffelten sie mit einem Holzlöffel aus Schälchen, die man beim »Kiepenkerl« oder beim Töpfer gekauft oder gegen Lebensmittel getauscht hatte. Häufig gab es abends noch einmal solch eine Suppe und danach belegte Brote oder Pfannkuchen und den Rest Gemüse vom Mittag.

1 l Buttermilch oder Vollmilch, 40 g Mehl, 250 g getrocknete Birnen oder Pflaumen, 1 Prise Salz

Die getrockneten Früchte gut einweichen und quellen lassen. Die Milch erhitzen, das angerührte Mehl hineinrühren und aufkochen lassen. Die Früchte zugeben und gut mit durchkochen. Mit Salz abschmecken. Da Zucker teuer war, wurde diese Suppe nur mit Obst oder evtl. noch mit Honig gesüßt.
Häufig wurde sie mit Buchweizenmehl oder mit Grütze angedickt. Auch ließ man wohl das Obst fehlen und brockte statt dessen trokkenen Pumpernickel in das Schälchen.

Dicke-Milch-Suppe

3 l Plundermilch (Dickmilch), einige Scheiben Schwarzbrot, 1 Stange Zimt, 2–3 Eßlöffel Zucker, 1/8 l Sahne, 2 Eigelb

Die dicke Milch mit dem Zimt und Schwarzbrot etwa 1 Std. kochen lassen. Gut schlagen, da die Milch schnell gerinnt. Die Zimtstange entfernen. Die Sahne mit dem Zucker und Eigelb verschlagen und unter Rühren in die heiße Suppe geben. Sofort servieren.
Diese Suppe gab es häufig sommertagsabends, wenn man feststellen mußte, daß die Milch von der Wärme durchgesäuert und eingedickt war. Plundermilch wurde aber auch ebenso häufig als Kaltschale (s. S. 101) zubereitet.

Auf dem Bauernhof wird das Geld vor 6 Uhr morgens verdient (Sprichwort)

Kann man schon morgens essen

Soppen

Neben den Milchsuppen waren, vor allem im Münsterland, die Soppen die vornehmlichste Frühmorgenspeise. Sie haben nachweislich eine jahrhundertealte Tradition, werden aber heute nur noch vereinzelt zubereitet.
In Borgholzhausen waren sie sogar häufig der Auftakt zum geruhsamen Sonntag: bevor man zur Kirche ging, aß man Fettsoppen. In Ladbergen aß man auch und besonders am Weihnachtsmittag »Stutensoppen« anstelle einer Rindfleischbrühe zu Beginn eines festlichen Mahls.

Stutensoppen

Süßer Stuten, ein Festtagsgebäck im Münsterland, (s. S. 111) wird in ein Schälchen gebröckelt, mit Zimt und Zucker überstreut und mit nur soviel heißer Milch übergossen, daß der Stuten zu einem Brei ausquellen kann. Heiß essen!

Fettsoppen

Altes Weißbrot oder Knabbeln (s. S. 110) mit heißem Wasser übergießen. Nachdem die Masse gut durchgeweicht ist, das Wasser abgießen. Butter und Schmalz in einem Topf auslassen, den Brei darin aufkochen und salzen. Den Topf stellte man ursprünglich in die Mitte des Tisches, und jeder löffelte daraus, so lange er mochte. Den Holzlöffel, jeder hatte seinen eigenen gekennzeichneten, leckte man danach sorgfältig ab und legte ihn dann bis zur Abendsuppe in die Schublade oder man hängte ihn ans Tellerbord. Erst nach der Abendmahlzeit wurde er gespült.

Sauersoppen

gut!!! werden wie Fettsoppen zubereitet. Zum Schluß gibt man einen Schuß Essig und Sahne hinein.

Wurstsoppen

Altes Wurstebrot (s. S. 33) wird in Würfel geschnitten und eine Nacht lang in kaltem Wasser eingeweicht. Am folgenden Morgen das Wurstebrot mit einem Schuß Essig, etwas Salz und reichlich Apfelstücken ½ Std. lang kochen. In der Pfanne Speckwürfel (oder Griebenschmalz) auslassen und gesondert dazu reichen. Die Grieben müssen schön kroß sein. Nach Geschmack reichert sich jeder seine Wurstsoppen mit Speck an.

Für die Kinder im Sommer.

Kaltschalen

Sie sind im Sommer beliebte Erfrischungsspeisen, und jede Hausfrau hat ihre eigenen Rezepte, um der Familie an heißen Tagen eine abwechslungsreiche, erfrischende Kost zu bieten.

Milchkaltschale I

1 l Milch oder Buttermilch, 40 g Zucker, 4 Zwiebäcke oder 4 Scheiben Pumpernickel, ½ Teelöffel Zimt

Die Zwiebäcke werden in kleine Brocken zerstoßen (Pumpernikkel wird zerkrümelt) und mit Zimt und Zucker vermischt in den Teller gegeben. Darüber gießt man eiskalte Milch oder Buttermilch. Sofort essen!

Milchkaltschale II

1 l Milch oder Buttermilch, 40 g Zucker, 200 g Erdbeeren, Himbeeren oder Pfirsiche

Das Obst wird gereinigt, in mundgerechte Stücke geschnitten und mit Zucker bestreut. Es bleibt eine Stunde zugedeckt stehen, damit es Saft ziehen kann. Die Früchte werden in tiefe Teller verteilt und mit eisgekühlter Milch übergossen. Sofort verzehren!

Weinkaltschale

Man verrührt halb Wein halb Wasser, bröckelt trocken gewordenes Schwarzbrot bzw. Pumpernickel hinein und reichert die Kaltschale mit einer Handvoll Korinthen an. Mit Zucker und abgeriebener Zitronenschale abschmecken. Recht kalt servieren.

Obstkaltschale

500 g Obst: Sauerkirschen oder Holunderbeerdolden oder Äpfel oder Birnen oder Heidelbeeren oder Stachelbeeren, 1 l Wasser, 30 g Speisestärke, 50 – 150 g Zucker je nach Geschmack, etwas Zitronensaft, Zitronenschale

Das gewaschene, zerkleinerte Obst mit dem kalten Wasser und der Zitronenschale zum Kochen bringen und weichkochen. Das Obst durch ein Sieb streichen. Die Obstflüssigkeit wieder zum Kochen bringen und mit dem angerührten Stärkemehl binden. Die Suppe mit dem Zucker süßen und mit dem Zitronensaft abschmecken. Gut durchkühlen. Die Kaltschale in Suppenteller füllen. Zwieback oder Suppenmakronen darüberbröckeln und sofort essen.
Anstelle von Stärke wird die Suppe häufig mit Sago gedickt.

Köstlich aus
Brombeeren oder
Himbeeren!

Notizen & weitere Rezepte:

fig. 2

Fleischgerichte

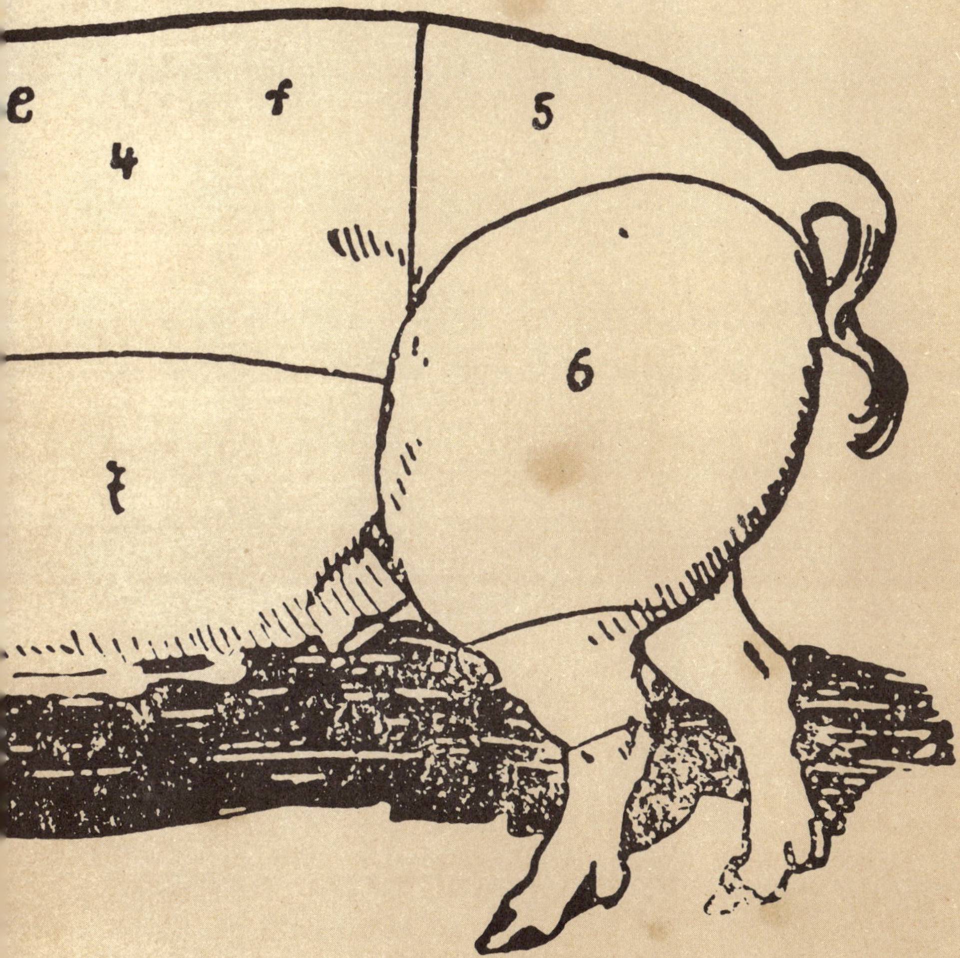

Rindfleisch mit Zwiebelsoße

Zartes, mageres Rindfleisch (hohe Rippe, Oberschale) wird in der Brühe (s. Rindfleischbrühe S. 10) sehr weich gekocht. Es wird in Scheiben geschnitten und nach der Suppe aus dem noch warmen Suppenteller gegessen. Man übergießt das Fleisch mit Zwiebelsoße (s. S. 94) und serviert dazu noch Gewürzgürkchen oder »rote Bete«. In der Gegend um Gütersloh serviert man Kartoffelsalat, mit Sahnesoße angemacht, dazu. Dieses Essen ist als Zwischengericht eines großen Festmenüs obligatorisch.
Häufig aber wird es auch als Montagsgericht serviert. Man hebt das gekochte Fleisch bis montags auf (sonntagsmittags gibt es die Suppe) und schneidet es in große Würfel. Man bereitet die Soße, gibt die Fleischwürfel hinein und serviert das Ganze als Ragout mit Salzkartoffeln und Gewürzgürkchen zum Mittag.

Hochzeitsbraten

Der gebratene Schinken bildete früher im Münsterland mit Sauerkraut und weißen Bohnen (s. S. 67) das Kernstück des Festmahls bei Hochzeiten. Während an den Werktagen sehr schlicht, oft sogar sparsam gegessen wurde, tafelte man gern bei Festen wie Hochzeiten, Taufen und dgl. möglichst ausgiebig und gut. Da gab es – wenn man hatte – Rindfleischbrühe, Rindfleisch mit Zwiebelsoße, Geflügel, Kalbsbraten, Gemüseplatten, Salate und wenigstens drei Puddings.
Hier das Rezept, den Schinken zu braten:

1 ganzer Schinken, gepökelt und gewässert, 2 ½ kg Zwiebeln, etwas Wasser, Pfeffer

Der Schinken wird im Ganzen im Backofen gebraten: Man löst die Schwarte ab, klappt sie hoch und belegt das Fleisch dick mit Zwiebelscheiben. Diese pfeffert man, und darüber deckt man wieder

Für Peter und Bärbel

die Schwarte. Mit Wurstdörnern (früher) oder Rouladennadeln (heute) hält man Schwarte und Fleisch zusammen. In eine Fettpfanne gibt man etwas Wasser, legt den Schinken hinein und brät ihn etwa 4–5 Std. lang je nach Größe.
Das Wasser muß einige Male nachgefüllt werden. Der Zwiebelsaft gibt dem Braten das richtige Aroma. Sollten nicht alle Zwiebeln auf den Schinken passen, dann legt man den Rest etwa eine halbe Stunde vor Beendigung der Bratzeit mit in die Pfanne.
Früher servierte man den Braten ohne Soße. Aber man kann zum Schluß das verkochte Wasser durch Sahne ersetzen und dadurch eine köstliche Soße bereiten.
Wer Sauerkraut mit weißen Bohnen dazu nicht mag, der kann den Braten auch mit verschiedenen Salaten oder Gemüseplatten servieren.

Schinkenbraten mit Zimtkruste

Man legt einen mittelgroßen, leicht gepökelten Schinken in eine Pfanne, begießt ihn mit etwas Wasser und brät ihn im Backofen, bis er halb gar ist (2 Stunden). Dann schneidet man die Schwarte ab und läßt den Schinken wiederum eine Stunde lang garen.
Inzwischen schmilzt man Butter, verrührt 3 Teile geriebenes Schwarzbrot, 1 Teil Weißbrot, Zucker und Zimt damit, sowie einige Eier. Das Fett wird vom Schinken geschnitten und dieser mit der angerührten Masse 1 ½ cm dick bestrichen. Darüber streicht man Eigelb und brät den Schinken bei milder Hitze noch eine Stunde lang.
Dazu reicht man Hagebuttensoße (s. S. 95), Apfelmus und Bratkartoffeln.

Muß ich Weihnachten
mal probieren!

Dortmunder Pfefferpotthast

Mit Sicherheit schon früher bekannt, ist das Gericht aber erstmals 1378 urkundlich erwähnt. Damals nämlich verriet in Dortmund eine gewisse Agnes von der Vierbecke die Stadt, indem sie durch Charme und persönliche Beziehungen die Wächter der Stadttore zu den Fleischbänken schickte, um Pfefferpotthast zu holen. Damit wollte sie Zeit gewinnen, den Feinden die Stadttore öffnen zu können, aber die inneren Wächter hatten »Lunte gerochen« und Alarm geschlagen, so daß die Belagerung Dortmunds nicht zustande kam.
Der Ruhm und die Beliebtheit des Pfefferpotthasts hat bis heute nicht nachgelassen. Zu jeder typischen Hochzeit und zu offiziellen Feierlichkeiten der Stadt wird er serviert.

1 kg Rinderkamm, 1 Teelöffel Salz, 500 g Zwiebeln in Scheiben geschnitten, 70 g Schmalz, 10 Pfefferkörner im Mörser zerstampft, 1 großes Lorbeerblatt, 2 Nelken, 1 Eßlöffel Kapern, 1 l Fleischbrühe, Saft und geriebene Schale einer Zitrone, Mehl zum Andicken der Soße

In vielen Haushaltungen variiert man mit dem Fleisch. Viele Hausfrauen nehmen Schweinerippchen, andere mischen Rindfleisch und Schweinefleisch im Verhältnis 1:1.
Das Fett wird in einer großen Kasserolle erhitzt. Das in grobe Würfel geschnittene Fleisch wird unter häufigem Wenden nur kurz angebraten. Man gibt die Zwiebeln zum Gelbrösten dazu, löscht mit Brühe ab und würzt den »Pott«. Das Fleisch muß 1 ½ Stunden lang schmoren, bis es weich ist. Man bindet die Soße mit angerührtem Mehl und schmeckt mit Zitronensaft und Kapern würzig ab. Eine Prise Zucker macht den Potthast lieblich. Dazu ißt man Salzkartoffeln und Gewürzgürkchen, und man trinkt ein Bierchen dazu.
Das Originalrezept, den Potthast mit Semmelbröseln anstatt mit Mehl anzudicken, wird kaum noch angewandt.

Lassen Sie sich beim Bäcker Brötchen in Form von Suppentassen backen Aushöhlen und füllen – ein echter Partyknüller!

Töttchen

Töttchen ist im Münsterland bekannt und beliebt. Es wird häufig am Montag nach einem Schützenfest oder als Abschlußessen nach einer Hochzeitseinladung gereicht.
Ursprünglich bereitete man Töttchen aus Kalbskopf, Lunge und Herz zu, heute aber findet man am häufigsten folgende Zusammenstellung:

700 g Kalbsschulter oder Brust (schier) oder 1 Kalbskopf, 1 Zwiebel, 1 Eßlöffel gewürfelte Zwiebeln, 1 Lorbeerblatt, 2 Eßlöffel Pflanzenfett, 1 Nelke, 2 Eßlöffel Mehl, 1 Teelöffel Salz, 1 Eßlöffel Senf, Worcestershiresauce

So macht es „Pinkus Müller"

Kalbsschulter oder Brust (Kalbskopf) mit Zwiebel, Lorbeerblatt und Nelke in ca. 1 ½ l Wasser garkochen (etwa 1 ½ Stunden). Nach dem Garen das Fleisch aus dem Fond nehmen, etwas abkühlen lassen und von Fett und Sehnen befreien. Den Kalbfleischfond durchsieben und zurückstellen. Nun das Fleisch in ca 1–2 cm grobe Würfel schneiden.
Aus 2 Eßlöffel Pflanzenfett, 3 Eßlöffel Mehl und 1 Eßlöffel gewürfelten Zwiebeln bereitet man eine Mehlschwitze, die mit dem passierten Kalbfleischfond aufgefüllt wird. Das alles wird kurz aufgekocht, das in Würfel geschnittene Fleisch dazugegeben und mit Senf, Salz und je nach Geschmack mit Worcestershiresauce abgeschmeckt.
Dazu reicht man frische Brötchen und ein kräftiges Bier. Je nach Geschmack würzt sich jeder sein Töttchen selbst nach, entweder mit Senf oder Worcestershiresauce.

Sauerländer Schlackwurst

Schlackwurst gibt es unter diesem Namen nur im Sauerland, sie ist im übrigen Westfalen als Bierschinken oder Mettwurst bekannt. In der Schlackwurst sind Herz, Hirn, und Nieren des Schweins mitverarbeitet. Man serviert diese Sauerländer Spezialität entweder zu dem berühmten westfälischen Pumpernickel, diesem süßlichen, schwarzen, grob geschroteten Brot, und Bier, oder aber man entfernt die Wurstpelle, schneidet die Schlackwurst in kleine Stücke und brät sie in Schmalz mit viel Zwiebelringen braun. Dazu ißt man Sauerkraut oder Salat mit Salzkartoffeln.

Falsches Kotelett

4 Scheiben (je 125 – 150 g) durchwachsener frischer oder leicht angeräucherter Bauch
Panade: etwas Mehl, 1 Ei, Paniermehl, Fett zum Braten

Den Speck in Mehl, verschlagenem Ei und Paniermehl wenden und in heißem Fett von beiden Seiten braten.
Falsches Kotelett wird häufig zu Salzkartoffeln und gebackenen Bohnen oder zu einem beliebigen Eintopf gegessen.

Wurstbrötchen

1 Grundrezept Hefeteig (s. S. 109), 500 g feine Bratwurst oder 500 g gewürztes Hackfleisch

Den Teig nach der Verarbeitung ausrollen und in 20 x 15 cm lange Streifen schneiden. Die Bratwurstmasse aus dem Darm drücken. Je eine Platte mit einem entsprechend langen Stück Wurstmasse belegen und einrollen. Die Nahtstellen mit Eigelb bestreichen und fest eindrücken. Auf ein gefettetes Backblech legen, mit Eigelb bepinseln und bei 180 °C in etwa 15–20 Min. abbacken. Sie werden warm gegessen. Dazu reicht man Senf und Bier.
Wurstbrötchen sind beliebte Zwischengerichte oder mit Kartoffelsalat ein gern gereichtes Abendbrot für Gäste.

Tip: Backen Sie die Brötchen ab, frieren Sie sie ein und backen Sie sie bei Gelegenheit kurz wieder auf.
Sollten Sie nicht gern Hefeteig mögen, dann wickeln Sie die Wurstfülle in Blätterteig. Auch diese Art findet man häufig.

Das hat Opa immer gerne gegessen

Halber Kopf »Backe«

Schade, daß man »Backe« heute kaum mehr kennt. Sie ist kalorienreich, zugegeben, aber die älteren Leute schwärmen mit Recht davon. Was wäre Weihnachten im Münsterland gewesen, wenn es nach der »Ucht« nicht »Backe« gegeben hätte?

1 geräucherter Schweinekopf, Salz, Wasser, weißer Pfeffer, viele Zwiebeln

Den Schweinekopf in reichlich Salzwasser garkochen. Das Fleisch mit der Schwarte aus den Backen lösen, die Schwarten vorsichtig abtrennen, alle Teile salzen und pfeffern. Die Fleischseite dick mit Zwiebelscheiben belegen, die Schwarte darüberklappen und das Ganze auskühlen lassen. Dünn aufschneiden und auf Pumpernikkelscheiben legen. Ein deftiges, kräftiges Winteressen!
Einige Familien kochen den Kopf schon einige Tage vor Weihnachten ab und legen ihn, wie oben beschrieben, bis Weihnachten in eine Essigmarinade (s. Saure Rolle vom Rind).

Stallkanin

Früher hielt fast jeder Bergmann des Ruhrgebiets seine Ziege, »Bergmannskuh«, und seine Kaninchen. Auch ein kleiner Garten oder die Taubenzucht sorgten für den nötigen Ausgleich an der frischen Luft und waren eine Bereicherung für Mutters Küche. Unten im Pütt tauschten die Kumpels beim »Dubbeln« auf der Gezähekiste so ihre Erfahrungen und Anregungen zu ihren häuslichen Arbeiten aus, die über sich hinaus in hohem Maße zum Zusammenhalt der Familien, zu freundschaftlicher Kameradschaft und zu gutnachbarlichen Beziehungen beitrugen.
Während man Ziegen heute kaum noch vorfindet, werden Kaninchen aber immer noch gehalten. Diese kocht man nicht, sondern man brät sie und ißt sie mittags warm oder abends kalt.

100 g Speck in Streifen geschnitten, 1 küchenfertiges Kaninchen, Salz, Pfeffer, 2 Zwiebeln, 1/2 l Brühe, 1 Möhre, 1 Stück Sellerie, Mehl zum Andicken der Soße

Zuvor: Kaninchen, die mit Persilie und Suppengrün gefüttert werden, schmecken besonders gut.
Das Kaninchen wird mit Speckstreifen gespickt, gesalzen und gepfeffert und in heißem Fett rundum angebraten. Kurz 1 Zwiebel mitschmoren, mit Brühe ablöschen, und das Fleisch mit einer geputzten, gewürfelten Möhre und einem Stück Sellerie schmoren. Nach Beendigung der Bratzeit die Soße mit Mehl andicken und noch einmal mit Salz und Pfeffer abschmecken.

Westfälische Hammelkeule

ein ganz altes Rezept von Groß-mutter

Überall dort, wo der Boden karg war, wo Heidekraut und Birken die Landschaft charakterisierten, wie z. B. in der Senne, in der Tecklenburger Heide und in einigen Teilen des Sauerlands hielt man bis vor wenigen Jahrzehnten noch große Schafherden. Sie verbissen nicht nur die Heide, sondern sie sorgten durch ihre Wolle auch für warme Kleidung und durch ihr Fleisch für eine zusätzliche Bereicherung des alltäglichen Speiseplans. Die Schafherden wurden von einem Schäfer und seinem Hund betreut, und wohl jeder Heidehof hatte seine eigene Herde von 300–400 Tieren. Besondere Tage im Jahresablauf der Schäfer waren die Schertage, die im Mai/Juni stattfanden und harte Arbeit verlangten. Ein besonders gutes und kräftiges Essen, das mittags häufig aus Stutensoppen, Rindfleisch mit Zwiebelsoße und Reispudding, nachmittags aus Korinthenstuten mit Butter und Bohnenkaffee und abends aus Milchgrütze mit Schwarzbrot, Rindfleisch und Kartoffeln und natürlich viel Schnaps bestand, war Anerkennung und Dank für die schwere Arbeit.
Im Herbst schlachtete man 2 – 3 Tiere, um die Fleischvorräte aufzubessern. Da kam es natürlich häufig vor, daß es nach dem Schlachten – so lange der Vorrat reichte – jeden Tag Hammelfleisch gab, sei es sonntags als Braten, sei es als Bereicherung des Eintopfs oder sei es getrocknet und geräuchert als Aufschnitt zum Butterbrot.

1 Hammelkeule, reichlich Buttermilch, Salz, Pfeffer, Senf, einige Wacholderbeeren, Fett zum Braten, 2 Zwiebeln, 1 Tomate, 1 Tasse Brühe, Thymian, Kerbel, Estragon, etwas Mehl zum Abbinden der Soße

Die Keule häuten und 1 – 2 Tage in Buttermilch legen. Einige Male wenden, damit die Keule gut durchbeizt. Danach abtrocknen, salzen und pfeffern und mit Senf bestreichen. Einige Wacholderbeeren zerstampfen. Die Zwiebeln in grobe Stücke schneiden und die Tomate häuten. Die Keule in heißem Fett anbraten, die Wacholderbeeren und die Zwiebelwürfel kurz mit anbraten, die Tomate und Brühe zugeben und den Fond damit ablöschen. Den Braten in den auf 225 °C vorgeheizten Backofen schieben und unter häufigem Begießen garschmoren. Sollte die Brühe einkochen, muß neue zugesetzt werden. Kurz vor Beendigung der Bratzeit die gehackten Kräuter über die Keule streuen und mitbraten. Die Dauer der Bratzeit richtet sich nach dem Alter des Tieres, im Durchschnitt braucht eine Keule 1 Std. Garzeit. Den Fond mit etwas Mehl zu einer Soße ablöschen. Dazu gibt es Salzkartoffeln und Speckböhnchen. Ein **Lammrücken** wird auf die gleiche Weise zubereitet, nur ist die Garzeit kürzer.

Hammelragout

Es wird meistens in einem Bohnen-, Möhren-, Steckrüben- oder Kohleintopf mitgekocht, es wird aber auch wie ein Gulasch geschmort und zu Salzkartoffeln und Grünkohl oder Bohnen gereicht.

40 – 60 g Fett zum Braten, 750 g Hammelragout,
Salz, Pfeffer, 1 gehackte Knoblauchzehe, 1 Zwiebel,
¼ l Brühe, 20 g Mehl zum Andicken der Soße, Maggi

Das Ragout in heißem Fett anbraten, salzen, pfeffern und mit der gewürfelten Zwiebel würzen. Mit der Brühe ablöschen und weichschmoren. Das Mehl mit etwas kaltem Wasser glattrühren und die Soße damit andicken. Mit Maggi abschmecken.

Tip: Alle Lamm- und Hammelgerichte müssen recht heiß serviert werden, da kaltes Hammelfleisch streng schmeckt. Wärmen Sie deshalb also am besten die Teller vor!

Sauerbraten

Der echte westfälische Sauerbraten hat mit dem rheinischen nur wenig gemeinsam. Bei uns wird er nämlich ursprünglich aus Pferdefleisch hergestellt. Würste, Gulasch und Sauerbraten von Pferdefleisch werden heute noch auf dem Herforder Wochenmarkt angeboten, und wenn man dem Metzger glauben will, dann kann er die Nachfrage kaum bewältigen.

1 kg Pferdefleisch zum Braten
Marinade: ½ l Wasser, ¼ l Weinessig, 1 Teelöffel Salz, 3 Zwiebeln, in Ringe geschnitten, 1 Möhre, gewürfelt, 10 Pfefferkörner, 3 Gewürznelken, 1 großes Lorbeerblatt, 4 Wacholderbeeren, 1 Teelöffel Senfkörner, oder heute: 1 Tütchen Sauerbratengewürzmischung –
zum Braten: Fett, 1 Tomate, 1 Zwiebel, Salz, Pfeffer, etwas Zucker, Mehl zum Andicken der Soße

Die Marinade wird mit der Gewürzmischung, der Möhre und den Zwiebeln aufgekocht. Ist sie erkaltet, so wird sie über das Bratenfleisch gegossen. 3–4 Tage lang ziehen lassen, und das Fleisch häufig wenden.
Vor dem Braten abtrocknen, salzen und pfeffern. Dann in heißem Fett schnell anbraten. Kurz vor dem Ablöschen mit Wasser brät man die in Stücke geschnittene Zwiebel mit. Nach dem Ablöschen schmort man ebenfalls die Tomate und einen Teil der Gewürze aus der Marinade mit, man fügt aber keine Marinade zu. Eine Prise Zucker erhöht das pikante Aroma. Bratzeit: 1½–2 Stunden. Den Bratenfond mit soviel Wasser auffüllen, wie man Soße braucht. Die Soße ist so herzhaft, daß man sich auf ein größeres Quantum einrichten sollte. Man bindet den Bratenfond mit Mehl und schmeckt mit Maggi ab. Das Fleisch wird in Scheiben geschnitten und in der Soße warm gehalten.

Tip: Wenn Sie die Gewürze nicht in der Soße lassen wollen, dann gießen Sie den Bratenfond vor dem Andicken durch ein Sieb.

Essen wir immer
am Sonntag

Notizen & weitere Rezepte:

fig. 3

Hausschlachtung

Schinken

Wenn Sie Westfalen bereisen, finden Sie in fast jeder Gaststätte auf der Speisekarte eine deftige Schinkenplatte, bestehend aus Stuten, Pumpernickel, Butter und hauchdünn geschnittenem Schinken. Dazu bekommen Sie einen »Klaren« und ein kühles Bier. Der Schinken wurde schon im Mittelalter wegen seines vorzüglichen Geschmacks gerühmt. Dieser entsteht auch heute noch dadurch, daß die Schinken im »Wiemen«, dem Rauchfang des Herdfeuers, mit Buchenholz und Wacholderbeeren geräuchert bzw. getrocknet werden.

Geschlachtet wurden die Schweine früher nach dem ersten Frost, eine Nacht lang hingen die Tiere draußen auf einer Leiter, bevor sie zerlegt und verwurstet wurden. – Die Schinken werden gepfeffert (besonders am Knochen) und etwa 4 Wochen lang in trockenes Salz, dem sogenannten Pökelsalz, gelegt. Danach wäscht man sie ab und wässert sie 1–2 Tage je nach Größe. Anschließend werden sie sorgfältig abgetrocknet, mit wenig Salpeter eingerieben (½ Teelöffel pro Schinken), damit die schöne rote Farbe erhalten bleibt, und in den Wiemen gehängt. Dort bleiben sie, bis die ersten Fliegen kommen. Weil schon eine Made den Schinken verderben kann, wird er sofort in luftdurchlässige Leinensäckchen, die oben fest zugebunden sind, gehängt. Zur Spargelzeit kann man ihn endlich anschneiden, er muß jedoch jedesmal wieder gut verpackt in den Rauchfang zurückgehängt werden.

Es ist ein Vergnügen, im Winter am prasselnden Kamin zu sitzen und in den Wiemen mit den dort hängenden Mettwürsten und Schinken zu schauen. Da glaubt man einem bekannten Dichter, wenn er vom »westfälischen Himmel« spricht. Im Sommer sind die rotkarierten, sauberen Schinkenbeutel im Rauchfang ebenfalls eine Augenweide.

Einen Schinken werden Sie heute kaum selbst bearbeiten, aber versuchen Sie sich mal im Wursten. Hier einige überlieferte Rezepte, mit denen Sie Ihre Familie und Gäste erfreuen können.

Westfälische Mettwurst

5 kg Schweinefleisch (Vorderschinken), 125 g Salz, 10 g gemahlener Pfeffer, 5 g Salpeter

Das Fleisch von der Schwarte abtrennen und das Fett teilweise entfernen. Das Fleisch durch die grobe Scheibe des Fleischwolfes drehen. Diese Masse salzen, pfeffern und gut durchkneten. 2 Stunden lang ziehen lassen. In dünne Därme füllen und einige Tage an der Luft trocknen lassen. Wichtig: Möglichst keine Luft mit einfüllen. Nach einigen Tagen werden die Würste zum Räuchern gebracht.

Leberbrot

10 Kellen gute Leberwurstmasse aus: Schweinefleisch, Schwarten, Leber und Brühe, 300 g Speckwürfel, 2–3 Handvoll Mehl, Fleischbrühe, Leberwurstgewürz

Achtung, die Würste bei 80°C kochen!

Die Leberwurstmasse mit Speckwürfeln mischen, mit Fleischbrühe verdünnen und mit Mehl zu einem nicht zu dicken Brei verarbeiten. Man schmeckt pikant mit Leberwurstgewürz ab, füllt die Masse in Papierdärme und bindet sie zu. Die Därme sollen nur $^{3}/_{4}$ voll sein. Man kocht die Würste bei 80 °C etwa 45 Min. in einem großen Waschkessel, der halb hoch mit Brühe gefüllt ist. Während des Kochens sticht man ab und zu in den Darm, damit die darin befindliche Luft entweichen kann. Nach dem Kochen werden die Würste an der Luft getrocknet. Nach ein paar Tagen werden sie in Scheiben geschnitten und in der Pfanne gebraten. Man ißt Leberbrot zusammen mit Wurstebrot heiß und trinkt Malzkaffee dazu.

Wurstebrot

Zur Winterszeit ißt man Leberbrot und Wurstebrot gern zum zweiten Frühstück oder zum Abendbrot. Beide Wurstsorten werden, in Scheiben geschnitten, zu gleichen Teilen in der Pfanne mit Schmalz gebraten. Gleichzeitig backt man Apfelscheiben mit. Man serviert so: Die Scheibe Wurstebrot auf die Scheibe Leberbrot legen. Darauf – als Krönung – die Apfelscheibe.

10 l frisches Blut, 2 ½ kg Schrot, 500 g Speckwürfel, Pfeffer, Nagelpfeffer, Salz, Kumin, Piment

Das frische, warme Blut wird mit dem Schrot und den Speckwürfeln vermengt und mit den Gewürzen pikant abgeschmeckt. Papierdärme werden ¾ gefüllt, zugebunden und gekocht wie Leberbrot. Sollte nicht soviel Blut vorhanden sein, so füllt man mit Brühe auf.

Möppkenbrot

Es wird nach dem gleichen Rezept wie Wurstebrot hergestellt. Der Unterschied aber ist der, daß das Möppkenbrot nicht im Darm sondern im Topf oder in einer Schüssel im Wasserbad gekocht wird. Es wird auch lose, d. h. in der Schüssel, aufbewahrt. Zum Braten wird es in Würfel geschnitten. Und so bereitet man es zu: Möppkenbrot in Scheiben abschneiden und würfeln. Viele Zwiebeln und viel Speck ebenfalls würfeln. Zusammen in einer Pfanne gut durchbraten. Inzwischen einige Äpfel schälen, würfeln und kurz mit durchschmoren. Sofort essen. In manchen Gegenden träufelt man, je nach Geschmack, noch Rübenkraut über das Gericht.

Wurstebrei/Wittmett

Zwei Namen für das gleiche Gericht! Während man es im Paderborner Land Wurstebrei nennt, kennt man es in Warburg und Umgebung unter Wittmett. Grundlage zu diesem Gericht ist die Brühe, in der die Würste gekocht worden sind, wobei hin und wieder eine platzte und die Brühe kräftigt.

2 l Brühe, 250 g Gerstengrütze, 500–750 g Restfleisch von der Schulter, vom Schinken oder Bauch, Salz, Pfeffer, evtl. etwas Bohnenkraut

Das Fleisch kochen und durch die feine Scheibe des Fleischwolfs

Das gute Paderborner Bier dazu nicht vergessen!

drehen. Die Grütze mit etwas heißer Brühe überschütten und vorquellen lassen. Den Vorgang 2mal wiederholen. Dann mit der restlichen Brühe aufkochen und dick-suppig ausquellen lassen. Das durchgedrehte Fleisch zugeben, würzen und mit Salzkartoffeln und Gewürzgürkchen oder Salat servieren. Reste davon halten sich im Kühlschrank 2 Tage frisch. Sie werden im Wasserbad oder in einer Pfanne mit etwas heißem Fett wieder aufgewärmt. Wurstebrei wird gern abends mit einer Scheibe Landbrot gegessen.

Panhas

Beim Schlachten werden die Blut- und Leberwürste gekocht. Es passiert schon einmal, daß einige von ihnen aufplatzen und auskochen. Aus dieser Brühe wird dann der Panhas gekocht:
Zunächst kommen die Gewürze wie Zwiebeln, Pfeffer, Salz, Majoran oder Piment hinein. Dann wird Buchweizenmehl (500 g auf 1 l Brühe) in die kochende Brühe unter tüchtigem Umrühren hineingegeben, bis daß die Masse schwer breiig ist und sich vom Rand löst. Der Panhas wird dann in kalt ausgespülte Schüsseln gefüllt. Nach dem Erkalten stürzt man den Panhas auf einen Teller, schneidet ihn in 1 cm dicke Scheiben und brät ihn in Schmalz von beiden Seiten schön knusprig. Dazu schmecken Bratkartoffeln und Gewürzgurken. Auch auf eine Scheibe Brot gelegt, ist er sehr delikat. Im Sauerland beträufelt man Panhas mit Apfelkraut.

Kohlwurst

In Ostwestfalen nennt man die frische oder aber auch leicht geräucherte Bratwurst – Kohlwurst, weil sie im Grünkohleintopf mitgekocht bzw. mitgeschmort wird.

2 kg Schweineschulter, 40 g Rötesalz, etwas Muskat,
250 g frische, durchgedrehte Zwiebeln

Zu Mett wird am besten das mit Fett durchwachsene Fleisch des Vorderblattes oder Vorderschinkens verwendet. Die Schwarten werden abgelöst, das Fett teilweise entfernt und das übrige Fett mit dem mageren Fleisch oder den abgezogenen Zwiebeln in kleine Würfel geschnitten oder durch den Fleischwolf gedreht. Man gibt Salz und Pfeffer hinzu, mischt das Gewürz gründlich durch und läßt das Fleisch eine Zeitlang stehen, damit das Gewürz durchzieht. Man füllt es in Naturdärme, bindet diese zu Ringen ab und kocht sie frisch oder – wenn es auf Vorrat geht – geräuchert im Gemüse mit.

Rinderwurst

Im Sauerland und in Ostwestfalen schwärmt man davon. Rinderwurst gibt es aber nur bei besonderen Gelegenheiten, z. B. als Ausklang eines Schützenfestes, wenn Kirmes ist, zum Abschluß einer Hochzeit usw. Sie wird nie im eigenen Haus hergestellt, sondern immer beim Metzger bestellt. Da aber die Metzger ihre Hausrezepte nicht verraten, sei hier nur erwähnt, daß die Wurst aus nicht zu magerem Rindfleisch besteht, vermischt mit gehacktem Suppengrün, zerkrümeltem Lorbeerblatt und – zur Hälfte aus Reis. Sie ist mit Pfeffer, Salz, Muskat und Nelkenpfeffer gewürzt und wird, in Därme abgefüllt, wie Leberbrot »gekocht«. Wenn man sie essen will, streicht man sie aus dem Darm, dämpft oder brät sie, übergießt sie mit heißer Butter und serviert sie mit Apfelkompott und Salzkartoffeln oder mit einem Brötchen.
Die Sauerländer bereiten sie ohne Reis zu! Aber auch da ist Rinderwurst ein Festessen zu besonderen Gelegenheiten.

Saure Rolle vom Rind

1500 g Rindfleisch aus der Flanke, Salz, Pfeffer, Zwiebeln, Wasser, Pansen, Essig

Das Rindfleisch gut mit Salz und Pfeffer würzen, mit geschnittenen Zwiebeln belegen und zusammenrollen. In feinen Pansen einnähen und in reichlich Wasser ungefähr 3 Stunden langsam kochen lassen. Nach dem Erkalten die Rolle in einen Steintopf legen und mit einer Flüssigkeit bedecken, die zu gleichen Teilen aus Brühe und Essig besteht. Die Rolle muß 8 Tage in diesem Sud liegen und ist darin 3 Wochen haltbar.

Notizen & weitere Rezepte:

Notizen & weitere Rezepte:

Ein Pickertrezept von Rektor Fritz Hostbrink
(Herford 1940)

In Herwede und Builefeld
De Pickert os wat Leckeres gelt.
Ob aolt, ob jung – ob riik, ob arm –
Et ett ühn joider ower warm;
Denn kaolt ligg hoi teo schwor int Liif,
Bekümmt hoi nich, es dann teo stiif.
Teo backen es dat koine Kunst –
Proboir et moal, kümmst eok in Gunst.
Wenn hoi seo wacker es geroan
Lött koiner ühn uppen Diske stoahn.
Fang ärst mol met Katuffel an –
Fiif Pund sind gneog vo drei voir Mann.
De halst diu dii iut diinen Keller
Un schillst se fein uppen greoden Teller
Dann moßt se riiben – nich teo groff,
Dat es eok wichtig vo den Stoff.
Dat Riiwsel doist uppen Duierschlag,
Dann löppt dat Water riiwe aff.
Niu Mell – drei voier Liapel vull
Un Mielke eok, 'n derben Strull.

Notizen & weitere Rezepte:

'N bietken Solt, kannst dui wall denken,
Doch Oigger darfst diu dui nich schenken.
Do nimm man druiste voir, fuif, sesse;
Denn ümmer seau 'n schönem Pickert hesse.
Dat Ganse darfst teo dünn nich maken,
Süß het dat Backen oinen Haken.
Et flütt dui weg, löppt utenanner
Just osse moll bui Muinken Sanner.
De Pickertploaten uppen hoiten Herd
Ruiwst in met Speck – dat es wat weert,
Kannst eok 'ne Schwoorten do teo niehmen,
'N lütket Stück van'n fetten Riemen.
Doch Speck es moal nicht teo verachten,
Dat es de Segen van'n Schlachten.
Schmort de niu schön, es gial un briun,
Gifft gluicks no moiher dann teo deun.
'N Schloif vull Mengsel in de Ploaten –
Ek segg, diu kannst dui drup verloaten –
Struikst diu fein glatt, doch nich teo dick,
Dann backt da gluick in'n Eogenblick.
Up jaider Halwe mot hoi backen
Bluif dobui stohn, haol stuif den Nacken.
Es hoi dann ollerwiagens kroß,
So es hoi geot un dann man los,
Schmier Bottern drup un dann:
„Niu ett!"
We dat nich mag, ühm steohn lett.

fig. 4

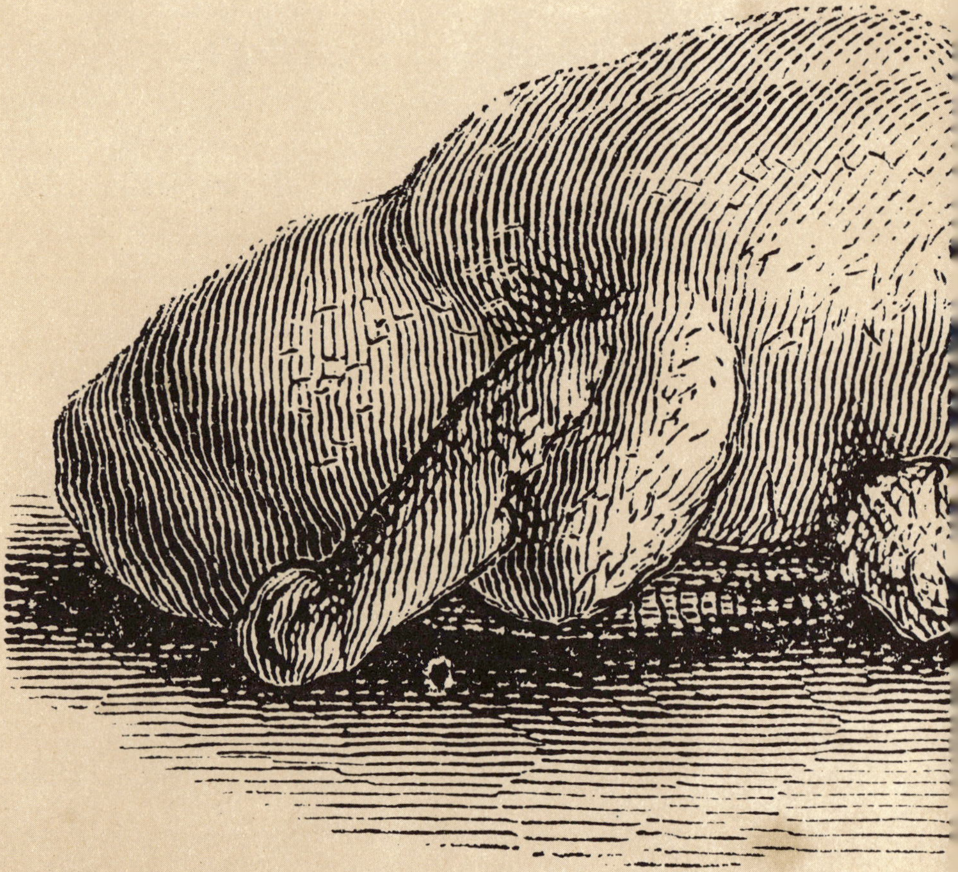

Wild und Geflügel

Wild

In den zahlreichen Wäldern Westfalens und den sumpfigen Niederungen hat sich von jeher viel Wild aufgehalten. Die weiten Waldungen um Arnsberg z. B. sind bevorzugtes Gebiet für die Jagd auf Hirsche und Wildschweine. Die Chroniken berichten von groß angelegten Treibjagden fürstlicher Herren, und auch heute noch ist eine Einladung zu einer großen Treibjagd sehr begehrt. Und wer im Herbst und Winter das Münsterland bereist, wird überall und immer wieder in den Flußniederungen Jäger, Treiber und Jagdhunde auf Wildenten-, Fasanen- und Hasenjagd antreffen.

Hasenpfeffer

750 g Hasenfleisch (Vorderbeine, Bauchlappen, Rippchen, Hals, Kopf, Herz, Lunge, Leber), 50 g Butter, 40 g durchwachsener Speck in Scheiben, 2 Zwiebeln, gewürfelt, 1/2 l Wasser oder Fleischbrühe, Salz, 3–4 Nelken, 8 Pfefferkörner, 1 Lorbeerblatt, 1 Eßlöffel Zucker, etwas Essig, 1 Tasse Hasenblut oder 1 Eßlöffel Mehl und 2–3 Eßlöffel Wasser

Wenn Sie die Möglichkeit haben, einen frisch geschossenen Hasen zu bekommen, dann verwenden Sie zu diesem »Pfeffer« unbedingt das aufgefangene Blut. Es kommt kurz vor Beendigung der Schmorzeit zu dem Ragout und kocht so lange unter Rühren mit, bis es stockt.
Das Hasenfleisch abtupfen, Speck und Zwiebeln kurz in Butter anrösten, das Fleisch dazugeben und schön braun anbraten. Mit Wasser oder Brühe ablöschen, 1/2 Teelöffel Salz zugeben und aufkochen lassen. Dann die Gewürze zugeben und alles so lange schmoren, bis das Fleisch weich ist. Die Soße, wenn kein Blut vorhanden ist, mit dem angerührten Mehl binden. Mit Essig und Zucker süßsäuerlich abschmecken. Der Hasenpfeffer soll dunkel glänzend aussehen. Dazu reicht man Nudeln oder Salzkartoffeln und Rotkohl.

Variante: Geben Sie 2 Eßlöffel Pflaumenmus in das fertige Gericht.

von Papas selbst erlegtem Wild

Gebratener Hase

1 küchenfertig ausgenommener, ganzer Hase, 300 g geräucherter Speck, $^{1}/_{8}$ l saure Sahne, Salz und Pfeffer, 8 Wacholderbeeren

In einem großen Bratenropf den kleingeschnittenen Speck bräunen. Hier hinein gibt man den vorbereiteten und gesalzenen Hasen. Man übergießt den Hasen mit etwas heißer Butter. Der Hase muß ungefähr 1 Stunde lang braten und zwischendurch oft begossen werden, damit das Fleisch nicht austrocknet. Während des Bratens gibt man hin und wieder ein wenig Wasser dazu. Der Bratenfond wird mit saurer Sahne gebunden.
Kaninchen werden auf die gleiche Weise zubereitet, nur ist die Garzeit erheblich kürzer. Man rechnet ungefähr 30 Min.

Fasan

1 küchenfertiger Fasan, Salz, Pfeffer, 50 g Speck in Scheiben, 50 g Butter, 1 Zwiebel, $^{1}/_{4}$ l Wasser, 1 Eßlöffel Mehl, etwas saure Sahne

Der Fasan wird gewaschen, abgetrocknet, innen und außen gesalzen und gepfeffert. Mit Speckscheiben umwickeln und in heißer Butter anbraten. Die kleingeschnittene Zwiebel zum Schluß kurz mit anbraten, dann den Bratenfond mit etwas Wasser ablöschen. Den Fasan gar schmoren. Ab und zu Wasser nachfüllen. Wenn der Fasan etwa nach 45 Minuten weich ist, nimmt man ihn aus dem Topf, hebt die Speckscheiben ab und zerteilt ihn. Den Fasan auf eine Platte legen und im Backofen warmhalten. In dieser Zeit das restliche Wasser zur Soße geben, mit angerührtem Mehl binden und mit Sahne pikant abschmecken. Wer die Soße gern süßlich mag, gibt vor dem Andicken 1 Teelöffel Johannisbeergelee zu. Gereicht wird dazu Kartoffelbrei und Sauerkraut oder Röstkartöffelchen und Apfelmus.

Tip: Die Bratzeit richtet sich nach dem Alter der Tiere. Je länger und dicker die Sporen sind, desto längere Bratzeit ist erforderlich.

Wildente

2 küchenfertige Wildenten, Salz, Pfeffer, Majoran, 2 frische Sellerieblätter, 4 Speckscheiben, 100 g Butter oder Margarine, $^{1}/_{8}$ l Weißwein, 2 Eßlöffel saure Sahne, 250 g Pfifferlinge, 50 g durchwachsener Speck, gewürfelt, 2 Zwiebeln

Die Enten salzen und mit Pfeffer und Majoran bestreuen. Die Sellerieblätter werden in die Enten gegeben. Mit Speck umwickeln und anbraten. Etwas Wasser angießen und die Enten weich schmoren. Nach etwa 30 Minuten sind sie gar. Die Soße wird nicht mit Mehl oder Speisestärke gebunden, sondern mit Sahne und mit etwas Weißwein verfeinert. Getrennt von den Enten werden die Pfifferlinge in Speck und Zwiebeln angebraten und dann in die fertige Soße gegeben. Die Enten werden auf diesem Pilzbett angerichtet.
Man reicht dazu Scheibenkartoffeln, frisch gekochtes Apfelmus und Preiselbeerkompott.

Rehkeule

1 Rehkeule, 125 g Speck in Scheiben, 60 g Butter, Salz, Pfeffer, 8–10 Wacholderbeeren, $^{1}/_{4}$ l Sahne

Im Gegensatz zur internationalen Küche wird in den meisten Haushaltungen im Münsterland der Rehrücken nicht gespickt. Er wird sofort in Butter angebraten, danach gesalzen und leicht gepfeffert. Den Bratenfond löscht man mit etwas Wasser ab. Während der Schmorzeit legt man die Speckscheiben auf das Fleisch, damit es nicht austrocknet. Hin und wieder wird der Braten begossen. Vorsicht, damit der Speck nicht abrutscht! Wenn das Wasser einkocht, wird ein wenig zugegossen. Nach 90 Min. Bratzeit gießt man statt Wasser die Sahne zu und verfeinert damit den Bratenfond. Die Sahne schmort noch 15 Min. mit und gibt dem Fleisch einen zarten Geschmack.
Man reicht dazu: Apfelkompott mit Preiselbeeren und Salzkartoffeln oder Bratkartoffeln und Rotkohl.

Hirschragout

Wenn man den herben Wildgeschmack nicht mag, mariniert man das Ragout 2 Stunden in Buttermilch. Frisch oder abgetrocknet von der Marinade so zubereiten:

750 g Hirschragout, 40 g Fett zum Braten, 60 g Schinkenwürfel, 2 Zwiebeln, Salz, Pfeffer, 6 Wacholderbeeren, 1/4– 1/2 l Fleischbrühe, 2 Eßlöffel Mehl und 4 Eßlöffel Rotwein, etwas Sahne zum Verfeinern

Fett und Schinkenwürfel zerlassen und das Ragout kurz darin anbraten. Die Zwiebeln in große Würfel schneiden und die Wacholderbeeren zerdrücken. Das Ragout salzen, pfeffern und mit den Zwiebelwürfeln und den Wacholderbeeren durchbraten. Mit Fleischbrühe ablöschen und garschmoren. Wenn das Fleisch weich ist, bindet man den Fond mit dem in Rotwein verquirlten Mehl und schmeckt mit Sahne, Salz und Pfeffer pikant ab.

Jagdessen nach Münsterländer Art

Im allgemeinen endet eine große Teibjagd immer mit einem Schüsseltreiben, d. h. mit einem zünftigen Essen für Jäger und Treiber. In letzter Zeit hat es sich eingebürgert, einen deftigen Wintereintopf wie Grünkohl oder Erbsensuppe anzubieten; früher aber war es üblich, daß nach einer Großjagd der Jagdherr das sogenannte kleine Jagdrecht für sich in Anspruch nahm, d. h. daß das Rehwild aufgebrochen wurde und Herz, Zunge und Leber am gleichen Abend gebraten und verzehrt wurden.

4 kleine Rehsteaks, 1 gek. Rehzunge, 4 Scheiben Rehleber, 50 g durchwachsener Speck, 50 g Butter, 2 Zwiebeln, gewürfelt, 1 Dose Pfifferlinge, 2 Wacholderbeeren, Salz, Pfeffer, 100 g Zwiebackbrösel, 1 Glas (2 cl) Kirschlikör, 1/4 l Rotwein, 2 Eßlöffel Preiselbeerkompott, viel gehackte Petersilie

Die Steaks und die Leber werden in Butter und Speck angebraten. Dazu gibt man nach kurzer Bratzeit die Zwiebeln, Pfifferlinge und Wacholderbeeren und läßt alles nochmals kurz durchbraten. Das

Fleisch wird jetzt gesalzen und mit dem Rotwein angegossen. Die in Scheiben geschnittene Zunge wird in den Fleischtopf gegeben und mit erhitzt. Das Gericht sollte 5 Minuten leise köcheln und dann mit den Zwiebackbröseln abgebunden werden. Verfeinert wird der Topf mit Kirschlikör und Preiselbeeren.
Wollen Sie das Gericht stilecht anbieten, dann füllen Sie den Fleischtopf in eine Kupferpfanne um und streuen dick Petersilie darüber.
Dazu reicht man Bratkartoffeln. Ein kräftiger Rotwein macht dieses Jagdessen zu einem Festschmaus in Herbst und Winter.

Und hinterher Bratäpfel mit Vanillesoße!

Wildschweinbraten

1 Wildschweinkeule (1 ½–2 kg), Salz, 3 Zwiebeln, 2 Möhren, ¼ Sellerieknolle, 1 Tomate, Fleischbrühe, ¼ l Sahne, etwas Weißwein

Die gut abgehangene Keule wird gesalzen und in einem Bräter von allen Seiten gut angebraten. Während der Bratzeit putzt und würfelt man die Zwiebeln und Möhren, die Sellerieknolle und die Tomate. Kurz vor dem Ablöschen des Bratensatzes schmort man diese Gemüse kräftig mit an. Man gießt soviel Fleischbrühe auf, daß die Keule gut schmoren kann; sie soll aber nicht kochen. Immer wieder begießen und evtl. neu mit Brühe auffüllen. Nach etwa 2 Stunden läßt man den Fond einkochen und begießt den Braten mit ¼ l Sahne. Er muß dann noch 15 Minuten lang schmoren. Herausnehmen und warmstellen. Der Bratensatz wird durch ein Haarsieb gegossen, und die Gemüsewürfel werden so stark durchgepreßt, daß die Soße damit gebunden ist. Sie wird mit Salz und Weißwein abgeschmeckt. Das Fleisch in Scheiben schneiden und mit etwas Soße übergießen. Dazu passen Salzkartoffeln und Pilze (am besten gemischte Waldpilze oder Pfifferlinge), in Schinkenwürfeln und Zwiebelringen geschmort. Einen kräftigen Rotwein dazu trinken!

Eine weitverbreitete Art, Wildschweinbraten zuzubereiten, ist es, die Keule vor dem Braten zu marinieren. Auch diese Art sollte einmal ausprobiert werden. Sie wird sicher schmecken!

Marinade: 2 Flaschen trockener Rotwein, 2 Zwiebeln, in Scheiben geschnitten, 2 Stangen Porrée, 10 Wacholderbeeren, 10 Pfefferkörner (beides zerstoßen), 3 Lorbeerblätter, 1 gewürfelte Möhre, 1 Bund Petersilie

Man bereitet aus den angegebenen Zutaten eine Marinade, legt die Keule 3–4 Tage hinein und wendet sie häufig. Das Fleisch muß gut bedeckt sein, der Topf soll verschlossen werden. Danach die Keule herausnehmen, abtrocknen und in Fett anbraten. Anschließend in den Backofen schieben und häufig mit Fleischbrühe begießen. Zum Schluß salzen und pfeffern. Die Soße mit etwas Marinade abschmecken und mit Mehl binden.

Geflügel

Hühnerfleisch mit Zwiebelsoße

Mit dem Rindfleisch (s. Suppe S. 10) wird auch ein Huhn gekocht. Das Fleisch wird vorsichtig von den Knochen gelöst und als Zwischengericht bei großen Festessen mit dem Rindfleisch und mit Zwiebelsoße (s. S. 94) vom noch warmen Suppenteller gegessen.

Gebratene Täubchen

Junge Tiere werden nicht gekocht, sondern gebraten. Da sie wenig Fleisch haben, füllt man sie meistens mit einer Hackfleischmasse.

4 Tauben, 150 g Gehacktes, fertig zubereitet, je 4 Taubenlebern, -herzen, -mägen, einige Speckscheiben, 2 Zwiebeln, Salz, Muskat, Pfeffer, 1/4 l Sahne, 20 g Speisestärke

Leber, Mägen, Herzen hacken und mit dem Hackfleisch kurz anbraten. Die Masse salzen, pfeffern und mit Muskat abschmecken. Damit werden die Täubchen gefüllt. Man näht sie zu und umwikkelt sie mit Speckscheiben. Sie werden mit den Zwiebeln angebraten und nach dem Ablöschen gargeschmort. Kurz vor Ende der Bratzeit begießt man die Tauben mit Sahne und schmort weitere 5–10 Min. lang durch. Danach kann man die Soße mit Speisestärke binden oder als französische Soße unangedickt belassen. Die Speckscheiben von den Tauben lösen, in der Soße mit den Taubenvierteln servieren. Die Hackfleischmasse reicht man auf einer gesonderten Platte. Dazu Stampfkartoffeln und Rotkohl.

Taubenragout

(Suppenrezept s. S. 11). Die gekochten Tauben werden wie folgt zu Ragout verarbeitet:
Das Fleisch wird kleingeschnitten und in einer Art holländischen Soße serviert.

Holländische Soße:

40 g Butter, 40 g Mehl, $^{1}/_{4}$ l Taubenbrühe, $^{1}/_{8}$ l Milch,
Salz, Pfeffer, Suppenwürze

Die Butter wird im Topf zerlassen, das Mehl darin angeschwitzt und mit Brühe und Milch abgelöscht. Man kocht die Soße einmal auf und schmeckt sie pikant ab. Das Fleisch wieder in die Soße geben.

Dieses Ragout serviert man mit Brühreis. Es eignet sich gut als leichte Krankenkost.

Tip: Ragout in Blätterteigpasteten ist ein leckerer Imbiß für Gäste oder eine herzhafte Vorspeise zum Festessen.

auch als herzhafte Vorspeise geeignet!

Flugente

1 küchenfertige Flugente, Salz, Pfeffer, 2 Tassen Wasser, 2 Möhren, 1 Stange Porrée, 2 Zwiebeln, 1 Tasse Sahne, Maggi

Die Ente innen und außen salzen und pfeffern und auf den Rost der Fettpfanne legen. 2 Tassen Wasser angießen und bei 225 °C im Backofen garen. Dabei die Ente mehrere Male wenden. Evtl. immer mal wieder etwas Wasser nachgießen. Nach etwa 1 Stunde Bratzeit gibt man das geputzte und zerkleinerte Gemüse zu und schmort es noch etwa ½–1 Stunde (je nach Größe und Alter der Ente) mit. Die knusprig gebratene Ente zerteilen und warmhalten. Die Soße durch ein Sieb passieren. Dabei die Gemüsebeilage gut aus- und durchpressen. Mit Sahne verfeinern und mit einigen Tropfen Maggi kräftigen.

Putenbraten

Putenbraten gab es früher – wie in vielen Teilen Deutschlands – am Weihnachtsabend oder -tag. Dazu wurde eine Babypute bevorzugt, da diese zarter und saftiger war. Heute ißt man häufiger Putenbraten, sei es als ganze Pute, sei es als Rollbraten oder sei es, daß nur die Schenkel gebraten werden. Die Rezeptur ist im großen und ganzen die gleiche wie beim Entenbraten, nur sind die Bratzeiten unterschiedlich. Teile einer Pute benötigen eine Bratzeit von etwa 1½ Stunden, eine ganze Pute dagegen, je nach der Größe und dem Alter, etwa 3 Stunden.

fig. 5

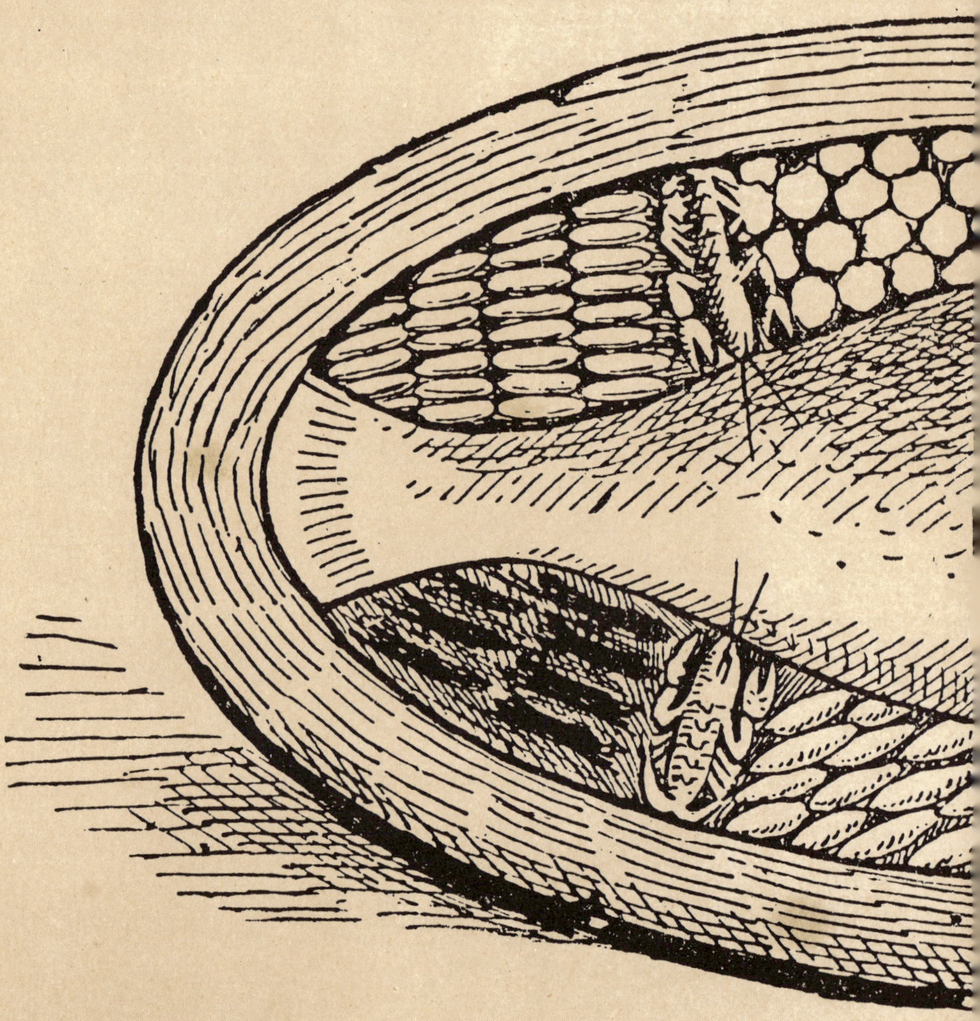

Fischgerichte

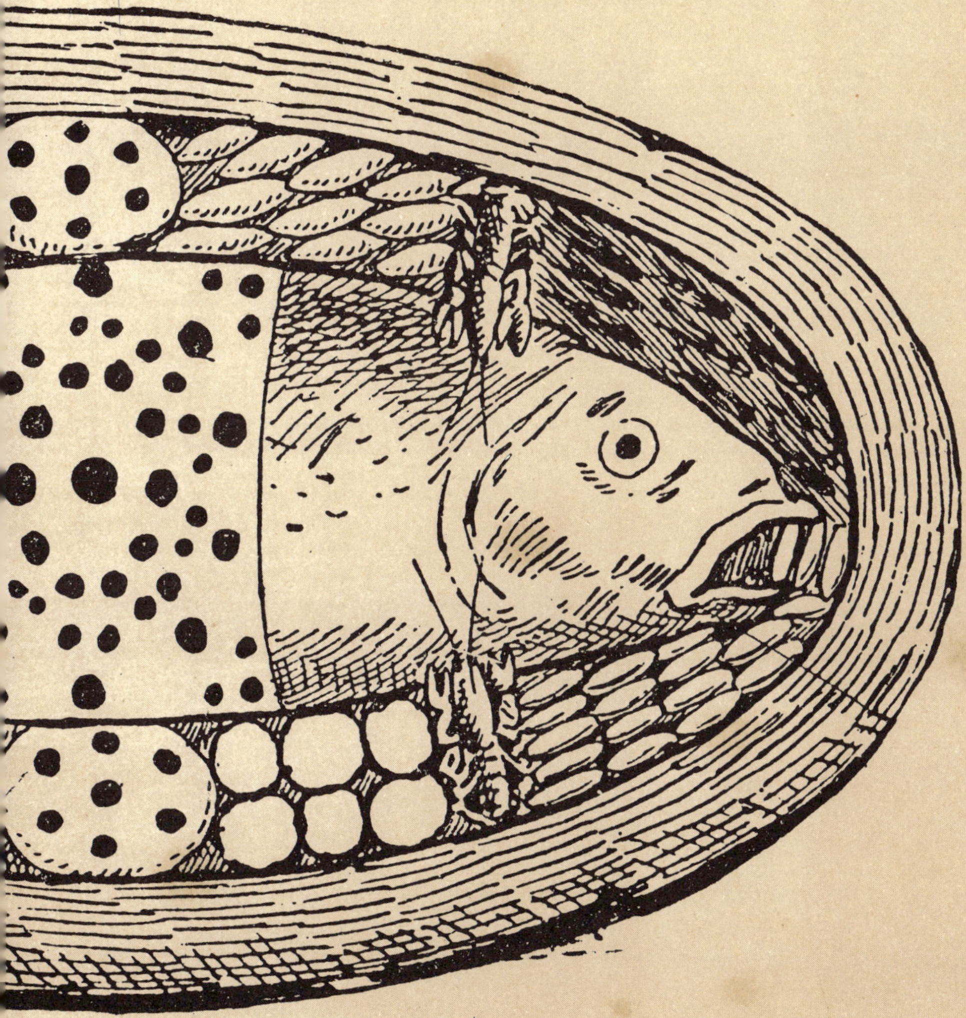

Die Westfalen sind keine großen Fischliebhaber. Sie essen freitags höchstens eingelegte Heringe, sonst aber war und ist es auch dann üblich, Pfannkuchen, Reibeplätzchen oder Pickert zu essen. Die Forelle, in vielen kühlen Bächen zu Hause, war und ist ein besonderer Leckerbissen, der von den Liebhabern zu Festen und besonderen Gelegenheiten serviert wird.

Forelle, blau gekocht

Pro Person: 1 Bachforelle
Auf 1 l Wasser: 4 Eßlöffel Weißwein, 5 Eßlöffel Essig, 3 gehäufte Teelöffel Salz

Wasser, Wein, Essig und Salz zum Kochen bringen. Die Forellen mit dem Kopf zuerst ins Kochwasser geben. (Vorsicht, daß die Schleimhaut nicht verletzt wird, da sich sonst die Forelle nicht blau färbt!) Sie müssen ganz mit Wasser bedeckt sein. Wieder zum Kochen bringen, den Topf von der Herdstelle nehmen und die Forellen 20 Min. ziehen lassen. Garprobe: Die Rückenflossen lassen sich leicht herausziehen. Mit Petersilie und Zitronenschnitzen garnieren.
Dazu gibt es Salzkartoffeln, zerlassene Butter und grünen Salat in Sahnesoße.

Forelle, Müllerin

Pro Person: 1 Bachforelle, Salz, 1 Eßlöffel Zitronensaft, Mehl, 50 g Butter

Die Forellen von innen salzen, von außen durch Zitronensaft ziehen, in Mehl wenden und in Butter goldbraun braten.
Dazu: Kartoffelsalat (s. S. 77) oder Salzkartoffeln, Butter und grüner Salat.

Eingelegte Heringe

Wer kennt sie noch, die kleinen Kolonialwarenläden mit den großen Bonbongläsern auf der Theke und den Schubladen im Regal, aus denen Mehl und Zucker abgefüllt wurde? Dort konnte man freitags auch selbsteingelegte Heringe kaufen, wenn die Mutter z. B. vergessen hatte, sie vorzubereiten.

2 kg Salzheringe, 1 l Wasser, 2 l Essig, etwas Zucker, 8–10 Lorbeerblätter, 6 große Zwiebeln, 1 Beutel Gewürzkörner

Die Heringe werden gesäubert und 24 Stunden lang gewässert. Das Wasser häufig wechseln. Danach die Heringe ausnehmen und abwechselnd mit Lorbeerblättern, Zwiebelscheiben und Gewürzkörnern in eine Heringsschüssel schichten. Den Rogen dazu einlegen, den Milchner durch ein Haarsieb drücken, mit dem Essig-Wasser-Gemisch verrühren und über die Heringe gießen. Diese müssen mindestens 48 Stunden lang ziehen. Diese Heringe werden zu Erbsensuppe, zu grauen Erbsen, zu Bratkartoffeln oder Pellkartoffeln gereicht.

Eingelegte Bratheringe

10 grüne Heringe, Salz, Zitronensaft, $^3/_4$ l Essig, $^1/_4$ l Wasser, Zucker nach Geschmack, 1 kg Zwiebeln, 2 Lorbeerblätter, 1 Tütchen Gewürzkörner

Die Heringe waschen, ausnehmen und innen mit Zitronensaft beträufeln. 10 Minuten stehen lassen. Die Heringe dann salzen und in Mehl wenden. Bratfett in der Pfanne erhitzen und die Heringe bei mittlerer Hitze und bei geschlossenem Deckel garen. Nach 5 Minuten vorsichtig wenden. Die Zwiebeln werden geschält und in Ringe geschnitten. Die fertig gebratenen Heringe legt man in eine breite flache Schüssel. In das noch heiße Bratfett gießt man die Essig-Wasser-Mischung, gibt die Zwiebeln dazu und kocht beides mit den Gewürzen gut auf. Die heiße Marinade wird über die Bratheringe gegossen. Nach 24 Std. sind sie gut durchgezogen. Sie halten sich etwa 5–6 Tage im Kühlschrank.

Notizen & weitere Rezepte:

Notizen & weitere Rezepte:

fig. 6

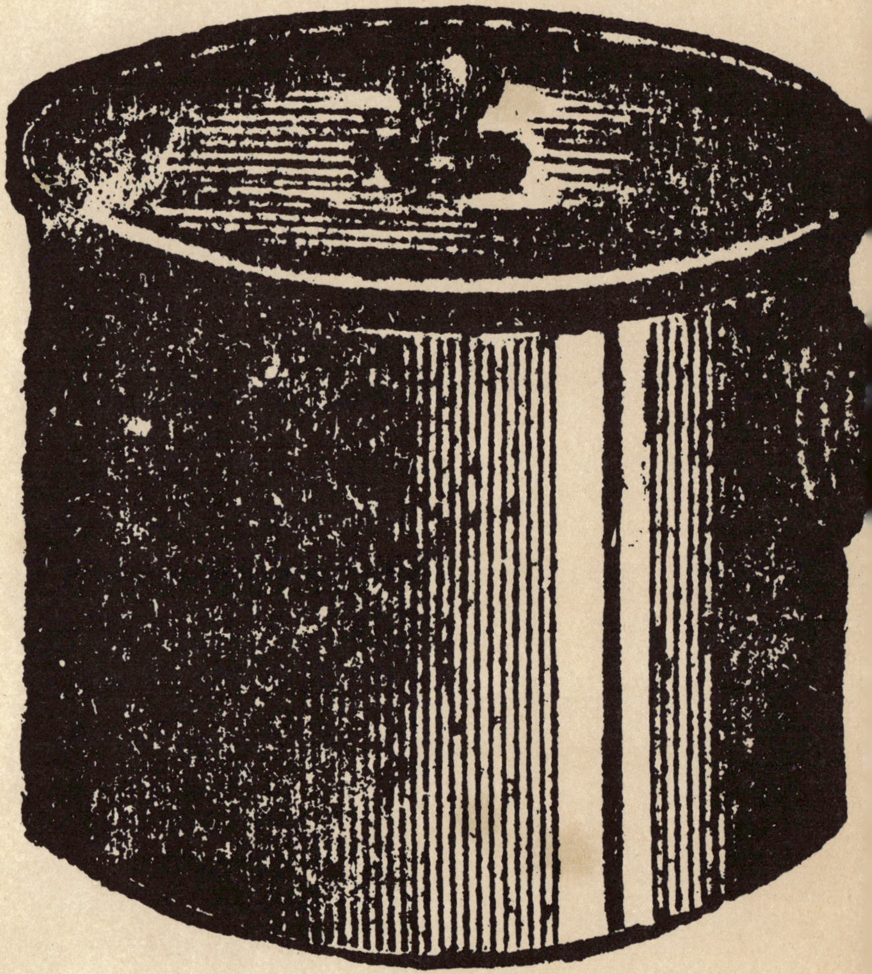

Eintopfgerichte

Suppeneintöpfe

Weiße Bohnensuppe

250 g weiße Bohnen, 2 l Wasser, 2 Bund Suppengrün, Salz, Pfeffer, 500 g Eisbein, 2 Räucherendchen, 500 g Kartoffeln, 2 Zwiebeln, etwas Bohnenkraut

Die Bohnen über Nacht in reichlich Wasser einweichen und am anderen Morgen mit diesem Einweichwasser zum Kochen bringen. Suppengrün, Eisbein und Mettenden werden nach 1 Stunde Kochzeit zugefügt. Alles noch 1 Stunde kochen lassen. Während der letzten halben Stunde die kleingeschnittenen rohen Kartoffeln mitkochen. Das Fleisch wird kleingeschnitten wieder in die Suppe gegeben. Die glasig gedünsteten Zwiebelringe zum Schluß in die Suppe geben, mit Salz und Pfeffer abschmecken und mit Petersilie bestreuen.
In manchen Familien läßt man die Petersilie weg und säuert statt dessen die Suppe mit einigen Tropfen Essig an.
Urtypisch, wenn auch nicht für jede Zunge delikat: Eingelegter Hering oder Speckpfannkuchen als Beilage.
Besonders lecker ist diese Suppe, wenn sie von frisch ausgedöppten Bohnen zubereitet wird.

Erbsensuppe

wird in ganz Deutschland gekocht und ist ein bequemes Samstagessen, da der Topf wie von allein bei kleiner Flamme kocht. Im Münsterland z. B. ist sie ein traditionelles, mittägliches Kesselessen bei Fuchs- und Treibjagden.
Im Ruhrgebiet trifft man sie häufig bei den Sommerfesten der Schrebergärtner an, wo sie mit Heißhunger vertilgt wird.
Eine Variante, die wir noch nirgendwo sonst gefunden haben und die deshalb wahrscheinlich typisch für das Ruhrgebiet ist: In jeden

Teller gibt man 1 Eßlöffel rohes Sauerkraut. Darüber gießt man die heiße Suppe, rührt einmal um und ißt sie recht heiß.

250 g grüne getrocknete Erbsen (1 Nacht lang eingeweicht), 1 Dickbein, Schwänzchen, Öhrchen, Schnauze vom Schwein, 2 l Wasser, 1 Bund Suppengrün, 2 Stangen Porrée, 1 dicke Zwiebel, 500 g Kartoffeln, 100 g ausgelassener Speck, Salz, Pfeffer, 125 g rohes Sauerkraut

Die Erbsen werden mit dem Fleisch und dem Wasser 1 Stunde lang vorgekocht. Danach gibt man das geputzte und kleingeschnittene Suppengrün, den Porrée und die Zwiebel dazu. Die Kartoffeln werden geschält, gewürfelt und ebenfalls in die Suppe gegeben. Mit Salz und Pfeffer abgeschmeckt, kocht sie nochmals 1 Stunde lang, so daß die Kartoffeln zerkochen und die Suppe sämig machen. Speckwürfel werden in der Pfanne ausgebraten und über die Suppe verteilt. Das Fleisch wird vom Knochen gelöst und kleingeschnitten in die Suppe zurückgegeben.
Im Sauerland ißt man Reibeplätzchen dazu, im Münsterland eingelegte Heringe.

Erbsensuppe mit Schwemmklößchen

Die Warburger Bevölkerung schwört darauf. Probieren Sie sie, sie schmeckt herrlich, so richtig sommerlich frisch.

Suppe: 1 kg frisch gedöppte Erbsen, 1–2 Stangen Porrée, 2 l Brühe oder Salzwasser, 1 Stich Butter
Klöße: 1 Tasse Milch, 1 Prise Salz, 30 g Butter, 1 Tasse Mehl, 2–3 Eier

Den Porrée in feine Ringe schneiden. Die Erbsen und den Porrée in der Brühe, bzw. dem Salzwasser garen. Mit 1 Stich Butter verfeinern.
Die Milch mit dem Salz und der Butter aufkochen, das Mehl auf einmal in die Milch schütten und gut schlagen, damit sich keine

Kann ich jeden Tag essen!

Klumpen bilden. Am Topfboden abbrennen. Den Kloß etwas abkühlen lassen und nach und nach die Eier einrühren. Mit einem nassen Löffel kleine Klöße abstechen, diese in die heiße Suppe gleiten lassen und 10 Min. darin ziehen lassen. Im Sommer ißt man diese Suppe in Körbecke bei Warburg mindestens 2mal wöchentlich.
Variante: Statt Schwemmklößchen reichert man die Suppe auch wohl mit Grießklößchen an:

1/8 l Wasser, 40 g Butter, 2–3 Eßlöffel Grieß, 1 Ei, Salz, Muskat

Butter und Wasser aufkochen, den Grieß schnell einrühren und zum Kloß abkochen. Ei, Salz und Muskat unter die Masse heben. Klöße abstechen und 5 Minuten lang in der Suppe ziehen lassen.

Graupensuppe mit Bohnen und Speck

In Löhne sagt man »Schillgassn un Bäohn'n« und erinnert sich gut daran, daß es dieses Gericht früher sogar sonntags gab.

1 großes Stück durchwachsener Speck, 2 1/2 l Wasser, 250 g Graupen, 1 Stange Porrée, Salz, Maggi, 350–500 g frische grüne Bohnen, evtl. etwas Bohnenkraut

Das Fleisch 1/2 Std. vorkochen. Die Graupen zugeben und 1/2 Std. mitkochen. Danach die geputzte und in Ringe geschnittene Stange Porrée und die abgefädelten und in kleine Stücke gebrochenen Bohnen zugeben. Mit Salz und Bohnenkraut würzen und garen, bis alle Zutaten weich sind.
Wenn Sie diese Suppe lieber dicklich eingekocht essen wollen, dann reduzieren Sie die Wassermenge auf 2 l.

Früher gab es
Graupensuppe
sogar sonntags

Heggengemös

Bevor das erste Gemüse aus dem Garten geholt werden konnte, sammelte man früher an Wegrändern, Wallhecken und Sträuchern das erste frische Grün und bereitete daraus eine schmackhafte und vitaminreiche Suppe.

1000 g junge Brennesseln, Holundersprossen, Stachelbeersprossen, Johannisbeersprossen, Löwenzahn, Spitzen vom überwinterten Grünkohl und vom Spinat, Porrée, Petersilie, 5 Zwiebeln, 500 g Kartoffeln, Salz, Pfeffer, 2 l Wasser – und 4 Mettenden, geräuchert

Die Mettenden in 2 l Salzwasser etwa eine halbe Stunde lang vorkochen. In der Zwischenzeit die Kartoffeln und Zwiebeln schälen und würfeln, das junge Gemüse gründlich putzen, waschen und sehr fein hacken und in die Brühe geben. In der Brühe etwa 15 Minuten lang weichkochen. Mit Salz und Pfeffer pikant abschmekken.

Gemüseeintöpfe

Spinateintopf

750 g Rindfleisch zum Kochen, 1 l Wasser, Salz, 750 g Kartoffeln, 1 kg Spinat, Pfeffer oder Muskat

Das Rindfleisch in Salzwasser vorkochen, bis es fast gar ist. Den Spinat mit heißem Wasser überbrühen und einmal aufkochen. Abgießen und den Spinat durch den Fleischwolf drehen. Die Kartoffeln schälen und würfeln.
Das Fleisch in Würfel schneiden und soviel Brühe auffüllen, daß das Fleisch knapp bedeckt ist. Darauf die Kartoffeln schichten und Salz darüber streuen. Als letzte Lage wird der Spinat daraufgepackt. Etwas Pfeffer oder gemahlene Muskatnuß darüberstäuben und noch 15–20 Min. köcheln lassen. Einmal umrühren und sofort servieren, so essen die Warburger diesen Eintopf am liebsten.

Stielmuseintopf

Dieses Gericht ist bei den Münsterländern und über die Grenzen des Landes hinaus beliebt. Es wird vornehmlich im Frühling gegessen, da man zu diesem Essen die zarten Stiele der Mairüben verarbeitet.

750 g Rindfleisch (Hohe Rippe), 1 kg Stielmus, Salz, Pfeffer, 750 g Kartoffeln, 2 Eßlöffel Butter, 1 Eßlöffel Mehl, 1 Eßlöffel Milch

Das Fleisch wird in Salzwasser etwa 1 Stunde langsam gekocht, bevor man das junge Stielmus, das man vorher ganz fein geschnitten und sehr gründlich gewaschen hat, in die Brühe gibt. Nachdem dies gut durchgekocht ist, fügt man die kleingeschnittenen Kartoffeln hinzu und läßt es zusammen noch 15 Min. lang garkochen. In der Zwischenzeit bereitet man aus Butter, Mehl und Milch einen Kloß, legt ihn oben auf das Gemüse und läßt ihn zerkochen. Der Eintopf wird mit Salz und Pfeffer abgeschmeckt.

Wuorttelpott

375 g Hohe Rippe, 3/8 l Wasser, Salz, Pfeffer, 750 g Möhren, 750 g Kartoffeln, 2 Zwiebeln, 2 Stangen Porrée

Das Fleisch in kochendem Wasser aufsetzen und 1/2 Stunde kochen lassen. Dann fügt man die gewürfelten Möhren, Zwiebeln, die Porréestücke und Kartoffeln hinzu, salzt und pfeffert und läßt das Gericht etwa 1/2 Stunde langsam weiterkochen. Das Fleisch wird entweder kleingeschnitten, wieder in das Gemüse gegeben oder gesondert gereicht. Zum Schluß streut man gehackte Petersilie darüber.

Wollen Sie auch einmal den urtypischen Topf probieren? Reichern Sie das Gericht dann mit 2 Eßlöffeln Schweineschmalz an!

Echte Westfalen essen dazu noch Gurkensalat.

Dazu Schmoräpfel!

Schnibbelbohneneintopf

Da sich dieses Gericht im Münsterland früher großer Beliebtheit erfreute, wurden die Schnibbelbohnen in großen Steintöpfen mit Salz eingestampft und dann über den Winter aufgehoben. Man nennt sie an manchen Orten auch »Fiezebohnen«. Dazu aß man früher gekochten Bauchspeck mit Senf.

500 g grüne Stangenbohnen, 500 g Kartoffeln, 40 g geräucherter Speck, 2 Zwiebeln, kleingeschnitten, 20 g Fett zum Braten, 20 g Mehl, ¼ l Wasser, Salz, Pfeffer, Bohnenkraut, Essig, Zucker

Die Bohnen reinigen, putzen und in kleine Stücke schneiden. In vielen Familien werden sie durch eine Schnibbelmaschine gedreht, so daß sie in feine Scheibchen geschnitten werden. Die Bohnen in reichlich Salzwasser garkochen und auf einen Durchschlag schütten. Die Kartoffeln schälen, in Würfel schneiden und in Salzwasser garen. Den Speck würfeln. Aus Speck, Fett, Zwiebelwürfeln, Mehl und Bohnenwasser eine helle Soße zubereiten. Die Bohnen und Kartoffelwürfel untermengen, mit Essig und Zucker süß-sauer abschmecken und mit Bratwurst oder Hackfleischbällchen servieren. Häufig gibt es dazu auch nur Mehlpfannkuchen.

Dicke Bohnen mit Speck

Die große Verbreitung des folgenden Gerichtes erkennt man noch heute an dem plattdeutschen Spruch aus alten Zeiten:

Jau, de schönste Tied von'n Summer,
Is de Grautebaunentied –
In de Grautebaunentied,
Buk, wär mi no maol so wied!

Es dürfen auch 100 g Speck sein!

1 kg große Bohnen (auch »Dicke Bohnen«, »Pferdebohnen« oder »Saubohnen« genannt), 1 kg Kartoffeln, 2 Zwiebeln, 80 g geräucherter durchwachsener Speck, Salz, Pfeffer, ¼ l Wasser, 20 g Mehl, Bohnenkraut

Die Bohnen werden ausgehülst und in kochendem Salzwasser gar-

Graute Baunen met Speck!

Wer de nich mag, de is en Geck!

gekocht. Zwiebeln und Speck würfeln und anbraten. Mit Mehl anschwitzen und mit dem Gemüsewasser ablöschen. Die Bohnen und die gekochten Kartoffelstücke unter die Soße ziehen, mit Salz, Pfeffer und Bohnenkraut abschmecken. Wer dieses Gericht nicht gern »durcheinander gekocht« ißt, kann die Kartoffeln auch getrennt dazu reichen.
In einigen Dörfern des Münsterlandes ißt man dieses Gemüse suppig, d. h. dünnflüssig aus dem tiefen Teller und mit einem Suppenlöffel als Besteck. Der Speck wird nicht geschnitten mitgekocht. Man schneidet ihn gesondert vom »Topf« auf einem Brettchen klein.

In Ostwestfalen, z. B. in Warburg, ist es Sitte, statt der Kartoffelwürfel Britteln einzumengen und 10 Min. ziehen zu lassen. Britteln: 1 Ei, 1 Prise Salz, 5 Eßlöffel Mehl verkneten und zwischen den Händen zu kleinen Flocken, Britteln, genannt, zerreiben.

Westfälisches Blindhuhn

200 g weiße Bohnen, 250 g durchwachsener geräucherter Speck, 250 g grüne Stangenbohnen, 250 g Möhren, 750 g Kartoffeln, 2 Zwiebeln, 250 g Äpfel (am besten Boskop), Salz, Pfeffer

Die weißen Bohnen werden über Nacht in 2 l Wasser eingeweicht und am Morgen mit dem Einweichwasser zum Kochen gebracht. Nach 1/2 Stunde Kochzeit gibt man den Speck hinzu und läßt beides 1 Stunde weiterkochen. Den Speck herausnehmen. Die Bohnen abfädeln und brechen, die Möhren putzen und in Scheiben schneiden, die Kartoffeln schälen und würfeln, die Äpfel schälen und vierteln und die Zwiebeln putzen und in Scheiben schneiden. Das Gemüse in den Topf geben und etwa 1/2 Std. schwach kochen lassen. Mit Salz und Pfeffer abschmecken, etwas Suppenwürze zugeben. Den Speck in Scheiben schneiden und in der heißen Suppe servieren.
Im Lipper Land läßt man zum Schluß noch Heißwürstchen in dem Eintopf ziehen.

Tomatengemüseeintopf

1 kg Tomaten, 1 kg Kartoffeln, 500 g Zwiebeln, 500 g Schinkenreste, 1/2 Tasse Brühe, Salz, Pfeffer, Butterflöckchen

Die Tomaten und Zwiebeln in Scheiben schneiden. Die Kartoffeln schälen und in Scheiben schneiden. Den Schinken würfeln oder feinhacken. In einem schweren Topf schichtet man je 1 Lage Tomaten, Zwiebeln, Kartoffeln, würzt mit Salz und Pfeffer und streut einige Schinkenwürfel darüber und wiederholt den Vorgang, bis alles aufgebraucht ist. Mit der Brühe angießen – es braucht nicht viel zu sein, da die Tomaten bald Saft ziehen – und etwa 30 Min. bei mittlerer Temperatur garen. Sind die Kartoffeln weich, rührt man den Eintopf einmal um und serviert ihn sofort. In der Umgebung von Gütersloh schwört man auf dieses erfrischende Sommergericht.

Wirsing- bzw. Weißkohleintopf

500 g Rindfleisch, 1 kg Kartoffeln, 1 kg Gemüse, 40 g Schmalz, 1 Zwiebel, 1/4 l Wasser, Salz, Pfeffer

Das Fleisch wird in Stücke geschnitten, in Schmalz mit den Zwiebeln angebraten und mit Wasser weichgekocht. Nach 30 Min. Garzeit das Gemüse in feine Streifen, die Kartoffeln in Würfel schneiden und beides zu dem Fleisch geben. Noch 30 Min. garen, mit Salz und Pfeffer abschmecken und gut durchrühren. Für Magenempfindliche empfiehlt es sich, den Kohl vorher kurz abzukochen, da er leicht bläht.

In einigen Gegenden Westfalens, z. B. im Ruhrgebiet und im Warburger Land stampft man das Gemüse nach dem Garen, damit es zermust und dadurch sämig wird.

Grünkohlessen

Der Grünkohl, in manchen Gegenden auch Braunkohl genannt, ist **das** Wintergemüse schlechthin. Früher war es das einzige frische Gemüse, das noch im Winter im Garten wuchs, und es war deshalb auch fast täglich – neben Sauerkraut und Fiezebohnen aus dem Faß – die Bereicherung der »Speisekarte«. Wen wundert es da, daß so viele offizielle Einladungen zum Essen auch Grünkohl aufwiesen? Denken wir an den norddeutschen Raum, wo Braunkohl und Brägen- bzw. Pinkelwurst zu jedem Festessen gehören, und schlagen wir Brücken nach Westfalen, wo Kohlessen, wie z. B. in Herford-Radewig, in Gütersloh und im Siegerland noch in Mode sind und in jedem Winter das Einerlei des Alltags beleben. Im Münsterland serviert man Rippchen, Bratwurst oder Mettendchen zum Grünkohl, in Ostwestfalen aber Kohlwurst (s. S. 35) oder Hirnwurst. Und noch eins: Grünkohl schmeckt erst richtig gut, wenn der erste Frost »darüber gegangen« ist. Er nimmt dem Kohl die Bitterstoffe und wandelt diese um in zarte Süße.

1500 g Grünkohl, 60 g Schmalz, 2 Zwiebeln, 1/4 l Wasser, Salz, Pfeffer, 4 Mettendchen, geräuchert, 500 g frische Bratwurst oder 500 g Rippchen vom Schwein, dazu: 1000 g Salzkartoffeln, gewürfelt und fertig gekocht

Den Grünkohl gründlich waschen und kurz abkochen. Das Wasser wegschütten und den Kohl fest ausdrücken. Nun den Kohl in Streifen schneiden. Die Zwiebelringe und die Wurst oder Rippchen in dem Schmalz goldgelb anbraten, den Grünkohl mit anschmoren und mit dem Wasser ablöschen. Salzen und pfeffern! Mettendchen obenauf legen und mitschmoren. Zum Schluß die Kartoffeln unter das Gemüse heben.
Im Beckumer Raum kocht man gern 2–3 Winterbirnen im Gemüse mit. Sie erhöhen das Aroma und machen den Kohlgeschmack etwas lieblicher. Die Birnen werden ungeschält mitgekocht und nach dem Garen gesondert zu dem Eintopf gereicht.

Lecker: Kiddelbirnen mitkochen!

Porréetopf

In Ostwestfalen schwört man darauf:

1 kg Porrée, 250 g Nudeln (Spaghetti oder Maccaroni), 500 g Bratwurst, 40 g Fett, 1 Tasse Brühe, Salz, Pfeffer

Den Porrée putzen und in fingerlange Stücke schneiden. Die Nudeln abkochen und ebenfalls in fingerlange Stücke schneiden. Das Fett in einem tiefen Topf auslassen, den Porrée, die Nudeln und darauf die Bratwurst schichten, würzen und mit Brühe übergießen. Bei kleinem Feuer schmoren, bis der Porrée zerfällt. Die Bratwurst in Portionen teilen, das Gemüse durchrühren und sofort servieren.

Sauerkraut mit weißen Bohnen

Sauerkraut und Eisbein sind seit Urgroßmutters Zeiten **das** Gericht der Deutschen schlechthin. Sauerkraut mit weißen Bohnen aber ist urwestfälisch, und seit dem 18. Jahrhundert, da man die Kartoffel noch nicht kannte, als Festessen beliebt. Die Bohnen – ebenfalls im Garten gezogen und später getrocknet – ersetzten die Kartoffeln bestens. Heute kombiniert man alle drei Sorten häufig: Kartoffeln – Sauerkraut – weiße Bohnen und dazu Schweinefleisch.

750 g Dickbein oder Bauchfleisch, 750 g Sauerkraut, 750 g Kartoffeln, 250 g weiße Bohnen (ersatzweise 1 Dose), 125 g durchwachsener, geräucherter Speck, Salz, Pfeffer, ½ l Wasser

Die Bohnen werden über Nacht eingeweicht und am anderen Morgen mit dem Einweichwasser und dem Dickbein 1 Stunde lang vorgekocht. Danach füllt man das Sauerkraut dazu, würzt mit Salz und Pfeffer und läßt den »Topf« noch einmal 1 Stunde lang köcheln. Die Kartoffeln kocht man extra, weil sie sonst glasig werden.

Gargekocht werden sie zum Sauerkraut gegeben und mit dem Gemüse gestampft, damit der Eintopf schön sämig wird. Ausgelassene Speckwürfel daruntergemischt vervollständigen den Geschmack. Das Dickbein reicht man gesondert mit Senf dazu oder schneidet es klein und mengt es unter den Eintopf. Abwandlung: Wer weiße Bohnen aus der Dose bevorzugt, mischt sie erst zum Schluß mit unter, da sie ja vorgekocht sind.

Tip: Kochen Sie diesen Eintopf am Vortag und wärmen Sie ihn am nächsten Mittag nur auf. Dabei ist Vorsicht geboten, da das Gemüse leicht anbrennt.

Lippische Ananas

Wer weiß schon, daß Spötter die Steckrübe so benannt haben?! Als Eintopf verarbeitet, schmeckt sie im Winter durchaus nicht nach Rüben! – Nach Ananas allerdings auch nicht!

1–2 Steckrüben, Salz, 500–750 g gepökelte Schweinerippchen, 1 l Wasser, 750 g Kartoffeln, 1/8 l Brühe, 2 Zwiebeln, Salz, Zucker

Die Steckrüben schälen, in Scheiben schneiden, mit Salz bestreuen und 1 Stunde wässern, damit sie den scharfen Geschmack verlieren. Die Kartoffeln schälen und in Würfel schneiden. Die Rippchen im Wasser vorkochen, bis sie fast gar sind. Danach die Rübenscheiben, das Fleisch, die Kartoffelwürfel und die Zwiebelwürfel in einen Topf schichten, mit etwas Brühe angießen und garen. Mit Salz und Zucker abschmecken. Das Gemüse sollte nicht zu suppig sein. Gegebenenfalls muß man etwas Brühe abgießen und die Kartoffeln stampfen oder mit etwas angerührtem Mehl binden.

Blutgemüse

Sicherlich kann man sich – um diesen Eintopf herstellen zu können – das Schweineblut auch beim Metzger besorgen, viel schöner aber ist die Sitte im Paderborner Land, sich eine Tasse Blut bei dem Nachbarn zu holen, der gerade geschlachtet hat. Deshalb gibt es dieses Blutgemüse, andernorts auch Schweinepfeffer genannt – vornehmlich im Winter, wenn man schlachtet.

750 g Kleinfleisch vom Schwein (Rippe, Bauch, Bakke, Haxe usw.), 2 Lorbeerblätter, Salz, Nelkenpfeffer, 1 l Wasser, 3–4 dicke Zwiebeln, 500 g Kartoffelwürfel, Essig, Zucker, 1 Tasse Blut, etwas Mehl, 250 g getrocknete, dann eingeweichte und vorgekochte Pflaumen oder, ersatzweise, 1-l-Glas eingekochte Pflaumen

Das Kleinfleisch in große Würfel hacken und mit den Gewürzen, dem Salz, den Zwiebeln und dem Wasser zum Kochen bringen. So lange kochen lassen, bis das Fleisch fast gar ist. Danach die Pflaumen und Kartoffeln zugeben und alles garschmoren. Blut und Mehl verrühren und das Gericht damit andicken. Mit Essig und Zucker süß-säuerlich abschmecken.

Spanisch Fricco

Schon Henriette Davidis, Pfarrerstochter aus Wengern an der Ruhr – Bestsellerin der Kochbuchliteratur des 19. Jahrhunderts – erhob das Spanisch Fricco als Westfalen-Eintopf zu Ruhm und Ehre. Schon damals zwischen Rhein und Ems gern gekocht, wird es auch heute noch in vielen Haushaltungen gegessen.

250 g Rindfleisch zum Braten, 250 g Schweinefleisch zum Braten, 3 Eßlöffel Öl, 40 g Speckwürfel, Salz, Pfeffer, Paprika, 1/8 l Brühe, 2–3 Lorbeerblätter, 1 kg Kartoffeln, 4 dicke Zwiebeln, 2–3 Nelken, 1/4 l süße oder saure Sahne, Butterflöckchen

Das Fleisch in mundgerechte Würfel schneiden und in dem Öl und dem Speck gut anbraten. Mit Salz, Pfeffer und Paprika würzen, mit

Brühe ablöschen und 20 Min. vorgaren. Die Zwiebeln und Kartoffeln schälen und in dünne Scheiben schneiden. Eine feuerfeste Form einfetten, abwechselnd Fleisch, Zwiebeln und Kartoffeln einschichten. Dabei die Kartoffeln leicht salzen, die Lorbeerblätter und Nelken mit einlegen, die Brühe zugeben und das ganze bei 175 °C etwa 10 Min. gut schmoren lassen. Danach die saure Sahne gut verschlagen, über das Gericht gießen, mit Butterflöckchen belegen und noch einmal für 30 Min. in den heißen Backofen schieben. In der Form servieren und mit Salat oder Gewürzgurken essen.

Tip: Wer es billiger machen will, der sollte die Warburger Variante bevorzugen: statt des Gulaschfleisches – Hackfleisch nehmen.

Notizen & weitere Rezepte:

fig · 7

Gemüse und Salate

Gemüse

Johannislauch

Im Warburger und Lipper Land ist dieses Gemüse sehr beliebt. Es ist ein zartes Zwiebelgewächs, das, bevor es zur Knollenbildung ansetzt, geerntet wird, und zwar um Johanni (24. Juni).

1 kg Johannislauch, Salzwasser, $^{1}/_{2}$ l Fleischbrühe, 20 g Butter, 75–100 g Rosinen, Paniermehl zum Binden der Soße, Salz, Essig, Zucker nach Geschmack

Die Lauchzwiebeln reinigen, die Spitzen abschneiden, den Lauch einmal durchschneiden, damit er nicht so lang ist. In kochendes Salzwasser legen und kurz aufkochen lassen. Das Wasser abschütten. $^{1}/_{2}$ l Fleischbrühe erhitzen, das Gemüse hineingeben, ebenso 1 Stich Butter und die Rosinen. Garen, mit Salz, Essig und Zucker süß-säuerlich abschmecken und mit Paniermehl eindicken.
Dazu ißt man Salzkartoffeln und gekochtes Rindfleisch. In Ostwestfalen verlängert man auch wohl die »Johanni«-Zeit mit ihrem herrlichen Gemüse, indem man später die kleinen Schalotten auf diese Weise zubereitet.

Porrée mit Rosinen

Dieses Gemüse wird genauso wie der Johannislauch zubereitet und ist eine Spezialität des Lipper Landes.

Jägerkohl

200 g durchwachsener Speck, 4 Zwiebeln, 1 Eßlöffel Essig, 2 Äpfel, Salz, 750 g Weißkohl (geschnitten und abgekocht), 1 Eßlöffel Mehl, $^{1}/_{8}$ l Bouillon, Pfeffer, 1 Teelöffel Suppenwürze

In einem flachen Topf läßt man den Speck aus und brät darin die Zwiebelwürfel. Dazu gibt man dann den Essig, die Apfelscheiben und das Salz. Alles gut umrühren! Dann gibt man den Weißkohl dazu und dünstet unter Umrühren weitere 20 Min. Zum Schluß

Mehl darüberstäuben und mit Bouillon angießen, bis eine helle Soße entstanden ist. Diese mit Salz, Pfeffer und Suppenwürze abschmecken. Man reicht dazu Salzkartoffeln und Speckpfannkuchen.

Tomatengemüse

Es wurde früher häufig abends zu einer Scheibe Brot gegessen.

500–750 g Tomaten, 250 g Zwiebeln, 40 g Butter oder Schmalz, Salz, Pfeffer, 4–6 Eier, 1/8 l Milch

Die Tomaten und Zwiebeln in Scheiben schneiden. Das Fett in einer Pfanne auslassen. Lagenweise Tomaten, Zwiebeln und Gewürze hineingeben und durchdämpfen. Eier und Milch verquirlen, über das Gemüse gießen, den Pfannendeckel auflegen und das Gericht stocken lassen. Die Pfanne kommt nach altem Brauch in die Mitte des Tisches, und jeder sticht sich ein Stück »Kuchen« ab.

Gebackene Bohnen

250 g weiße Bohnen, 1 l Wasser, 500 g Bauchfleisch, 1 Zwiebel, Salz, etwas Bohnenkraut (wer mag), 40 g Mehl, 20 g Butter oder anderes Bratfett, 60 g Speck, in Würfel geschnitten

Die Bohnen werden über Nacht in Wasser eingeweicht und am anderen Morgen mit dem Einweichwasser, den Gewürzen, Kräutern und dem Bauchfleisch 1 Stunde lang gekocht. Aus Fett, Speck und Mehl bereitet man eine helle Mehlschwitze und löscht sie mit soviel Brühe ab, daß eine nicht zu dicke Soße entsteht. Unter diese Soße zieht man die halb garen Bohnen, schiebt den Topf in den Backofen und läßt das Gericht noch einmal 1 Stunde bei 220 °C quellen. Man schmeckt den »Topf« pikant ab und säuert ihn eventuell leicht mit Essig.

Dazu werden Pellkartoffeln und eingelegter Hering gegessen. Das gekochte Bauchfleisch aß man früher kalt aufgeschnitten auf Pumpernickel, dick mit Senf bestrichen und gepfeffert. Dazu schmeckte dann ein Gewürzgürkchen recht gut. Das war eine gute Unterlage für die Arbeit nach dem 2. Frühstück.

Graue Erbsen mit Hering

ein beliebtes Aschermittwochgericht

250 g graue ungeschälte Erbsen, 100 g Fett (Schmalz, Speck usw.), 4 dicke Zwiebeln, 1/2 l Wasser oder Brühe, 40 g Mehl, etwas Essig, Zucker

Die Erbsen über Nacht einweichen und am anderen Morgen in dem Einweichwasser 2 Stunden lang weichkochen. Das Wasser abschütten, und die Erbsen mit kochendem Wasser erneut überbrühen. Das Fett zerlassen, die Zwiebeln in Scheiben schneiden und in Fett glasig schmoren. Mit Brühe ablöschen, die Zwiebeln einmal durchkochen und mit Mehl zu einer hellen Soße binden. In diese Soße gibt man die Erbsen und schmeckt das Gericht süßsauer ab.
Dazu ißt man Salzkartoffeln und sauer eingelegte Heringe. Nur für gute, starke Mägen geeignet!

Ein Tip: Graue Erbsen kann man auch wie eine übliche Erbsensuppe kochen. Damit diese verträglicher wird, kocht man 1/2 Teelöffel Natron mit. Doch Vorsicht, Natron braust leicht auf!

Salate

Bohnensalat

500 g grüne Bohnen, 1 Zwiebel, Salz, Peffer, Essig, Öl, 1 Prise Zucker, etwas Milch

Die grünen Bohnen abfädeln, in Stücke schneiden und in Salzwasser abkochen. Aus Öl, Essig, Salz, Pfeffer, kleingeschnittener Zwiebel, 1 Prise Zucker und Milch eine Marinade herstellen und über die noch warmen trockenen Bohnen geben. Bis zum völligen Auskühlen durchziehen lassen und öfter umrühren.
Diesen Salat ißt man gern zu Speckpfannkuchen (s. S. 89), zu Kurzgebratenem oder auch wohl zu Hering.

Westfälischer Kartoffelsalat

1 kg Kartoffeln, Salzwasser, 3 Eier, 2 Zwiebeln, ½ Salatgurke, 2 Teelöffel frische Dillspitzen, 1 Bund Schnittlauch
Soße: ¼ l Sahne, Essig, Salz, Zucker, Pfeffer

Die Kartoffeln schälen, waschen und kochen. Danach gut auskühlen lassen. Die Eier hartkochen, pellen und in Scheiben schneiden. Die Kartoffeln ebenfalls in Scheiben schneiden. Die Zwiebeln würfeln. Die Gurke schälen und in dünne Scheibchen raffeln. Den Schnittlauch und den Dill recht fein hacken. Die Sahne etwas anschlagen, mit Essig säuern und mit Salz, Pfeffer und Zucker pikant abschmecken. Alle Zutaten mit der Soße mischen und gut durchziehen lassen. Recht kühl servieren.
Kartoffelsalat wird in Westfalen häufig gegessen. Mit einem Brühwürstchen ist es ein beliebtes Sonntagabendessen, mit kaltem Kotelett ein gutes Mittagessen zur heißen Sommerzeit und mit einem deftigen Schinkenbrot ein schnelles Gericht, wenn unerwartet Gäste kommen.

Heringssalat

3 gewässerte Salzheringe, 5 Gewürzgürkchen, 1 kleines Glas rote Bete, 3 Äpfel, 500 g gekochte Kartoffeln, 250 g gebratenes Fleisch (Reste), 1 gehackte Zwiebel, 2 Eier, hartgekocht, Salatsoße (s. voriges Rezept)

Die Heringe entgräten und in feine Würfel schneiden. Gurken, rote Bete, die Äpfel, die Zwiebel, Kartoffeln und das Fleisch ebenfalls würfeln, mit der Salatsoße vermengen und pikant abschmekken.
Will man bei diesem Salat eine intensive rote Farbe erzielen, so reichert man die Soße noch mit etwas Saft von den roten Beten an. Früher ein typischer Silvester- und Neujahrsimbiß!

Feldsalat mit Specksoße

1 großer Durchschlag Feldsalat, 50 g geräucherter, durchwachsener Speck, Salz, Zucker, Pfeffer, 2 Eßlöffel Essig

Der Salat wird gewaschen und in eine weite Schüssel gehäuft. Der Speck wird gewürfelt und in einer Pfanne zerlassen. Man löscht ihn mit Essig ab und gießt ihn mit den übrigen Zutaten über den Salat. Er muß sofort gegessen werden.

Notizen & weitere Rezepte:

fig. 8

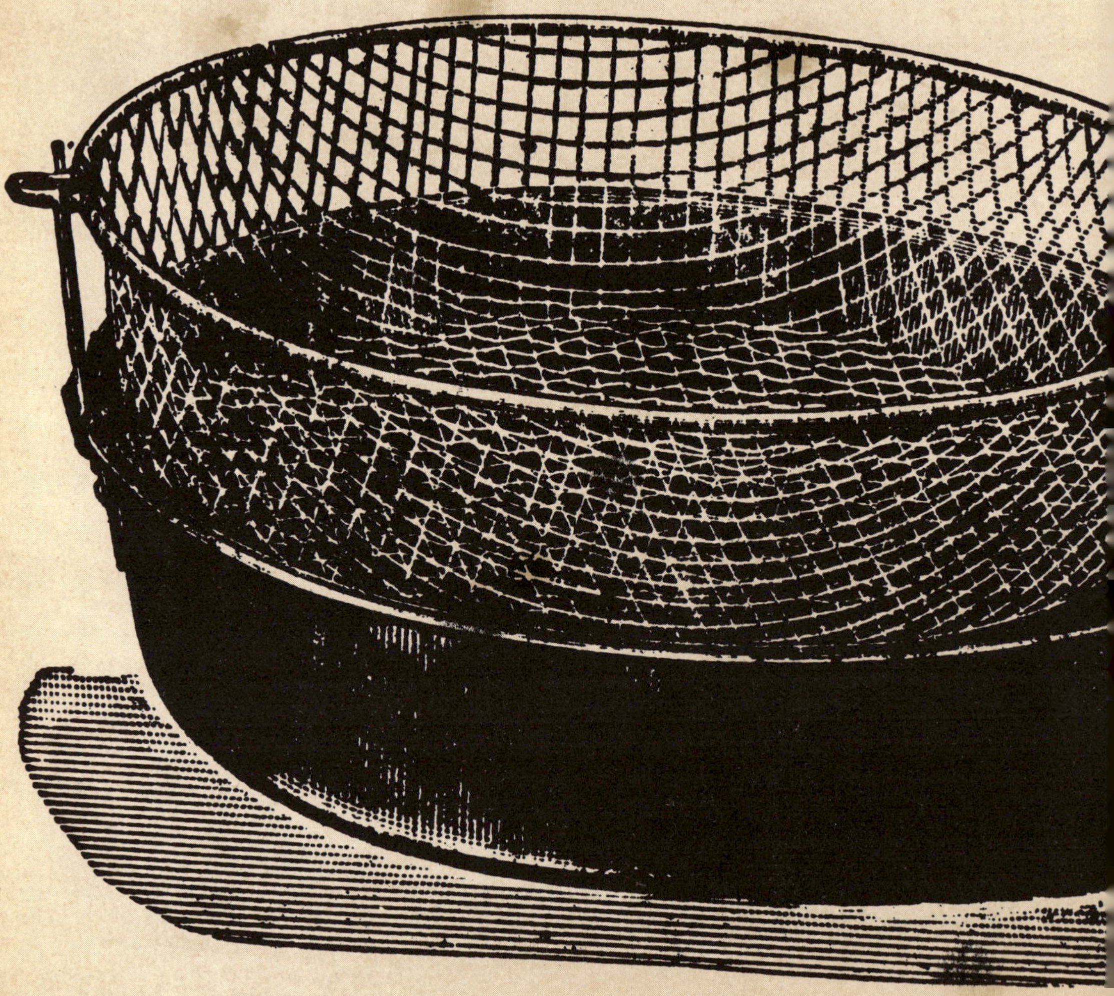

Aufläufe und Pfannengerichte

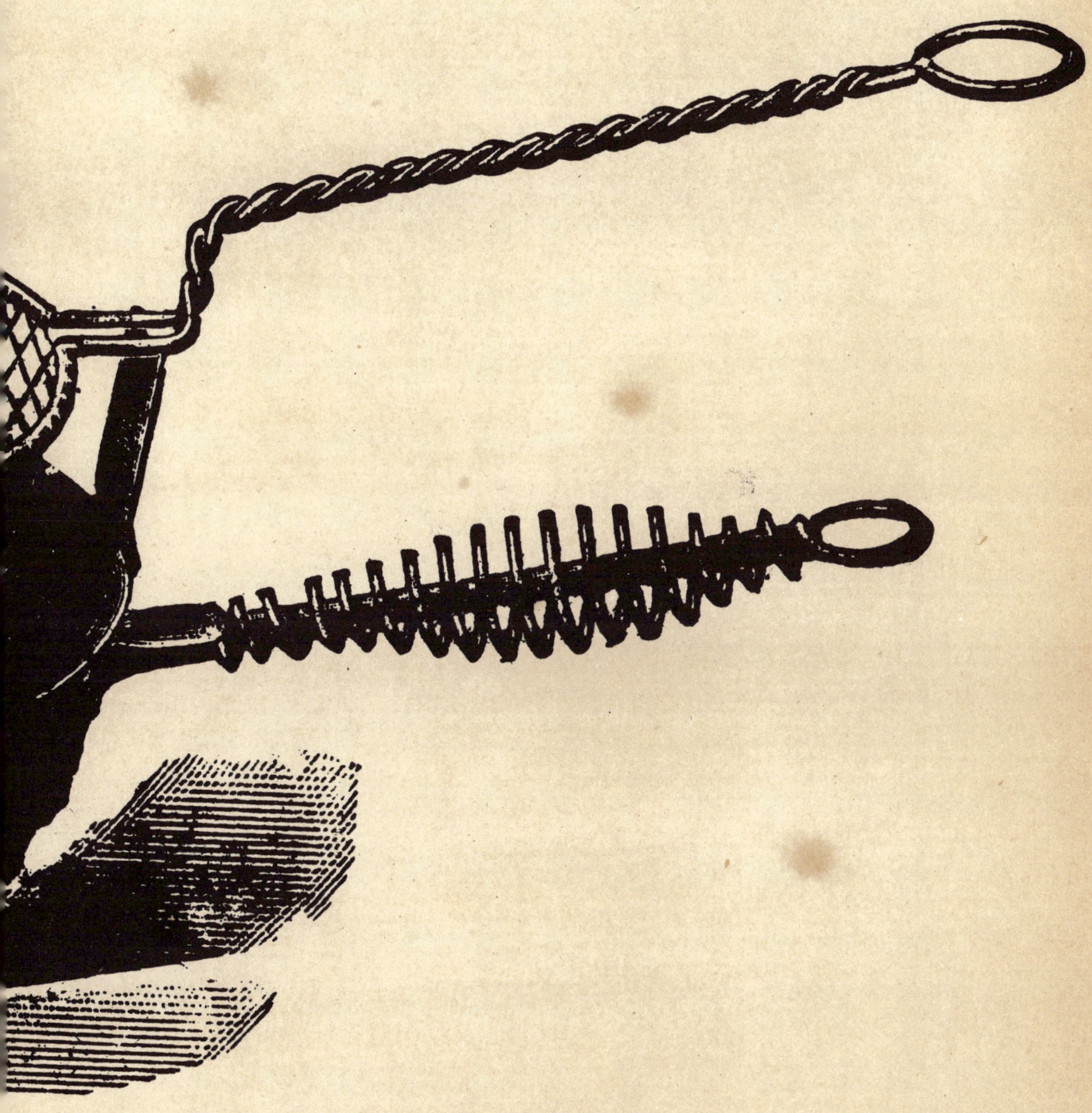

Altwestfälischer Brotpfannkuchen

500 g altes Weißbrot, 40 g Butter, 6 Eier, 1 Eßlöffel Mehl, 1 Messerspitze Zimt, abgeriebene Schale von 1 Zitrone, 100 g Korinthen (kann auch fehlen), Fett zum Braten

Das Weißbrot zerreiben und mit der Butter und den Eigelb verrühren. Mehl, Zimt, Zitronenschale und Korinthen zufügen und die zu steifem Schnee geschlagenen Eiweiß unterheben. Etwas Fett in einer Pfanne erhitzen, kleine Kellen Teig hineingeben, so daß Plätzchen entstehen und diese von beiden Seiten goldbraun backen.
Man ißt sie heiß, überträufelt sie mit Apfel- oder Rübenkraut und trinkt dazu einen guten Milchkaffee.

Schmeckt noch besser
wenn man Knabbeln nimmt!

Bratlinge

Sie sind ein preiswertes Abendessen, denn zu Bratlingen verwertet man restlichen Kartoffelbrei vom Mittag.

Kartoffelbrei, 1 Ei, Salz, Muskat, Bratfett

Der Kartoffelbrei wird noch einmal gesalzen, mit Muskat abgeschmeckt und evtl. mit einem Ei vermengt. Daraus formt man kleine Plätzchen, die man in der Pfanne in heißem Fett goldgelb ausbackt.
Will man die Bratlinge »strecken«, so werden häufig geröstete Weißbrotwürfel mit in den Teig gearbeitet. Man reicht dazu jede Art frischen Salats.

Tip: Reichen Sie die Plätzchen bei der nächsten Mittagsmahlzeit mit Rotkohl und Bratwurst oder Ihren Gästen zu Wild, Apfelmus und Preiselbeeren.

Schinkenbegräbnis

500 g gekochter Schinken, 750 g gekochte Kartoffeln, Salz, Pfeffer, 2–3 Eier, 1/8 l Milch

Den Schinken würfeln oder durch die grobe Scheibe des Fleischwolfs drehen. Die Kartoffeln in Scheiben schneiden. Eine Auflaufform fetten. Lagenweise Schinken und Kartoffeln einschichten. Mit etwas Salz und Pfeffer würzen. Die Eier mit der Milch verquirlen, über das Gericht gießen und im Backofen bei 200 °C etwa 1 Stunde backen.

Mein liebstes "Handwerk"

Leineweber/Pillekauken

Pillekauken und Leineweber, zwei Gerichte mit fast den gleichen Zutaten, sind in Westfalen sehr bekannt und beliebt. Den »Pillekauken« kennt man mehr im Münsterland, während man um Wuppertal und im Ruhrgebiet »Leineweber« bevorzugt. Der Pillekauken (Pille = Würmer, kauken = Kuchen) hat seinen Namen von den Speck- und Kartoffelstreifen, die im Pfannkuchenteig eingebacken werden. Leineweber haben ihren Namen – so sagt man – durch den Einfallsreichtum einer armen Bielefelder Leinewebersfrau, die aus Resten ein Mittagessen zubereiten mußte, erhalten. Bei diesem Gericht werden die Kartoffeln in Scheiben geschnitten, der Speck fehlt. Ansonsten werden beide Gerichte auf die gleiche Weise zubereitet.

750 g gekochte Kartoffeln, 60 g Bratfett oder Öl, 125 g durchwachsener geräucherter Speck, 3 Zwiebeln
Pfannkuchenteig: 124 g Mehl, 4 Eier, Salz, 1/4 l Milch, geriebene Muskatnuß

Für die Pillekauken die Kartoffeln und den Speck in Streifen schneiden, für die Leinweber die Kartoffeln in Scheiben schneiden. Zwiebeln würfeln oder in Ringe schneiden.
Für den Pfannkuchenteig das Mehl und die Eier glattrühren und mit der Milch verrühren. Mit Salz und Muskatnuß abschmecken. 1/4 der Kartoffelmenge und des Specks in einer Pfanne anbraten, sal-

zen, ¼ des Teiges darübergießen, stocken lassen und wenden. Alle 4 Pfannkuchen schön goldgelb braten. Die Pillekauken bestreicht man mit Rübenkraut; zu den Leinewebern ißt man Salat.

Kumpel Anton schwärmt mächtig davon.

Stiepelsche Kasserolle

1 kg Kartoffeln, 250 g Zwiebeln, Salz, Pfeffer, 1 Tasse Wasser, etwas Fett zum Braten, 4 geräucherte Mettendchen, ½ Bündchen Schnittlauch, ½ Bündchen Petersilie

Das Fett in die Pfanne geben. Die geschälten, in Scheiben geschnittenen Kartoffeln einfüllen und mit einer dicken Schicht Zwiebelringen belegen. Mit Salz und Pfeffer bestreuen. Und nun die in 1½ cm dicke Scheiben geschnittenen Mettwurstendchen auf die Pfanne verteilen. Die Kasserolle mit dem Wasser ablöschen und mit dem Deckel verschließen. Wenn das Wasser verkocht ist, sind die Kartoffeln gar und schön braun von unten. Man setzt die Pfanne auf den Tisch, bestreut sie mit Schnittlauch und Petersilie und sticht dieses Gericht direkt aus der Pfanne ab. Dazu Feldsalat mit Specksoße oder Bohnensalat reichen.

Sauerländer Potthucke

Dieses deftige Gericht ist ausschließlich im Sauer- und Siegerland bekannt. Der Name bedeutet Topfhocker.

1 kg rohe Kartoffeln, 250 g gekochte Kartoffeln, ¼ l Sahne (oder saure Sahne), 4 Eier, Salz, Pfeffer
Zum Backen: 100 g durchwachsener geräucherter Speck

Die rohen Kartoffeln schälen, reiben und gut ausdrücken. Die gekochten Kartoffeln zerdrücken, mit dem rohen Teig und den übrigen Zutaten vermengen und würzen. Man zerläßt erst die Speckwürfel in einer Auflaufform und schichtet den Teig darüber. Nun wird er bei 220° C im Backofen etwa 45 Min. gebacken.
Man ißt ihn heiß zu Salat und Butterbrot. Reste werden abends in Scheiben geschnitten und in der Pfanne von beiden Seiten gebraten. Der besseren Verträglichkeit wegen ist es angebracht, Münsterländer »Klaren« und Bier dazu zu trinken.

Lippischer Pickert

Im Tecklenburger Land und im Lipper Land werden die Pickerts heiß umschwärmt. Hunger und Not der Leineweber in der Mitte des vorigen Jahrhunderts ließen das Gericht entstehen. Geboren aus der Idee, eine preiswerte und doch schmackhafte und kräftige Speise auf den Tisch bringen zu müssen, ist der Pickert zum Nationalgericht der Lipper geworden. Buchweizenmehl, Kartoffeln, Milch und Eier waren die Hauptzutaten, die man allesamt ja auf dem eigenen Hof produzierte. Das Geheimnis eines guten Pickerts aber ist, die Zutaten richtig aufeinander abzustimmen. Gebacken werden diese »Kuchen« in Pickertpfannen, ganz früher sogar auf der heißen Platte des Kohleherdes. Sein Name hat auch da seinen Ursprung: der Teig pickte (klebte) auf der Ofenplatte fest.

Ernst Friedrich Küstermann beschreibt in dem Buch »Geschichte von Augustdorf« Bd. I, 1. Teil, 1863, das Pickertbacken in alten Zeiten wie folgt:
»Meine Nachbarn und ihre Kinder haben Kartoffeln geschält und gerieben, also müssen wohl zu einem solchen Kuchen durchaus Kartoffeln nötig sein? Nicht so; man bäckt einmal den Pickert von purem Buchweizenmehle, oder man bäckt ihn von Kartoffeln, oder zum vierten, und so wird es gewöhnlich gemacht, wenn man anders wegen der Arbeit eben dazu kommen kann, von Kartoffeln und Buchweizenmehl. Von dem letzteren will ich sprechen und man kann daraus die Zubereitung der anderen Arten abnehmen. Man kann solchen Pickert, wie die andern alle auch, mit Gest (Hefe) oder ohne Gest backen. Meine Nachbarin will einen Gestpickert backen, denn der Sonntag muß etwas vorab haben. Einen solchen rührt man am Abend vorher ein. Man mengt geriebene Kartoffeln, Mehl, Gest, etwas Salz und Wasser (statt dessen auch wohl Milch) durcheinander, so daß es eine ziemlich schwanke (noch etwas fließende) Masse bildet. Die Nacht über kommt das in die warme Stube zur Gärung (es geht auf, er wird »rasch«). In der Stubenwand, nach der Diele hin, steht ein alter Ofen, ein Altenbekener D oder E oder F, von außen zu heizen. Auf diesem Ofen wird der Pickert am nächsten Morgen gar gemacht. Zu dem Ende heizt man, am liebsten mit Reisigholz, recht tüchtig ein; das tun die

Kinder, und tun es, ohne daß sie geweckt zu werden brauchen. Wenn das Wort Pickert genannt wird, dann arbeiten auch die faulen Kinder fleißig. Eins will noch lieber für passendes Holz sorgen als das andere. Der Ofen ist heiß, die Mutter wird geweckt und steht auf. Sie probiert den Ofen mit dem nassen Finger. Richtig, er ist gut, denn er zischt. Sie nimmt ein nasses Waschtuch und wischt das Oberblatt wacker ab, damit das Schmier vom vorigen Backen her und der Staub aus der vergangenen Woche entfernt werden. Darauf reibt sie den Ofen mit einer Speckschwarte recht tüchtig ab, damit der Pickert nicht anbrenne (das riecht ebenso schön als das Opfer der Alten). Nun rührt die Mutter mit einem Löffel ihre Pickertmasse, die die Nacht über in einem Topfe oder Eimer gestanden hat, rasch tüchtig durch und schüttet sie auf den Ofen. Sie streicht die Masse auseinander, möglichst gleichmäßig, etwa zolldick, doch wird der Pickert schon von selbst am Rande etwas dünner, weil die Masse etwas flüssig ist. Bald fängt der Pickert an, einen etwas brennerigen Geruch zu verbreiten. Dann ist es aber hoch Zeit, ihn zu wenden, weil er an seiner unteren Seite eine hellbraune Rinde bekommen hat. Die Ränder sind vielleicht etwas angebrannt und müssen deshalb mit einem Messer vom Ofen gelöst werden.

Das Wenden ist ein ziemliches Kunststück, denn der Pickert ist oben auf noch ganz weich und seine Länge hat etwa 1 ½ Fuß, während die Breite von 1–1 ½ Fuß beträgt. Zum Wenden gebraucht man dünne Milchbretter, die man von vorne her möglichst weit unterschiebt. Mittels dieser Bretter wird der Pickert mit einem Schlage umgeworfen. Wenn dieser Wurf nicht gelingt, so ist der Pickert verpfuscht und liegt mehr oder weniger doppelt oder gar in einem Puck; es wird nichts wackeres daraus. Gewöhnlich ist in jedem Hause nur einer, der dieses Kunststück versteht und auch für gewöhnlich verrichten muß, es gibt sich nicht leicht ein anderer dazu her. Aber auch der Beste hat wohl mal einen verpudelt. So sagte ich z. B. kürzlich zur Haushälterin des Vorstehers Böger, als sie sich gerade zum Umwenden anschickte, ob sie auch wohl einen Pickert in einen Klumpen werfen könnte. Ihr stieg das Blut etwas in die Wangen, und richtig warf sie den Kuchen in einen Puck. Offenbar hatte ich die Schuld und bekam deshalb auch sogleich

meine Strafe; kein freundliches Gesicht den Nachmittag wieder, und der Pickert schmeckte auch nicht so gut als sonst!
Will man einen Pickert ohne Gest backen, so rührt man Kartoffeln, Mehl, ein wenig Salz und Wasser gehörig durcheinander, und dann kann das Backen sogleich losgehen. Die ärmeren Leute brauchen nur Kartoffeln und Salz zum Pickert und bei Wintertage, wenn ja eingeheizt werden muß, essen die fast ebenso viel Pickert als Brot. – In 30 Minuten ungefähr ist er gar.
Ein gut geratener Gestpickert und darauf frische Butter gestrichen, schmeckt zu gutem Kaffee ganz vortrefflich, viel besser als sämtlicher Butterkuchen. Lächle nur, du städtischer Leckerzahn! Du sollst unsern Pickert auch wohl mögen, wahrscheinlich auch mit alter Butter und ohne Zucker und Kaffee!
Willst du die Hausmutter wissen, wo man die meisten Pickert isset, nämlich alljährlich das Mehl von 5–7 Scheffel Buchweizen dazu gebraucht, so zähle zu der Summe unserer 109 Kolonate noch 11, dividiere durch 2 und addiere alsdann 4. Hier bäckt man die Pikkert 2–2 ½ Zoll dick. – Gar gebackener Pickert ist ein gar gesundes Essen, das bei uns sogar Saugkinder ohne Schaden genießen dürfen. Fast jeder isset ihn auch gern!«

Heute wird Pickert so zubereitet:

Rezept I: 30 g Hefe, 3 Eßlöffel Milch, 1 ¼ kg rohe Kartoffeln, 3 Eier, Salz, ⅛ l saure Sahne oder Milch oder Wasser, 160 g Buchweizenmehl oder Weizenmehl, evtl. einige Speckscheiben

Die Hefe in der lauwarmen Milch anrühren und gehen lassen. Die Kartoffeln schälen, reiben und ausdrücken. Die Flüssigkeit wegschütten. Den Brei mit den Eiern, dem Salz, mit dem Mehl und der Sahne vermengen. Die Hefe einarbeiten und den Teig 1 ½ Stunde gehen lassen. Eine Pickertpfanne fetten und erhitzen. Evtl. einige Speckscheiben ausbraten. Je soviel Teig einfüllen, daß große Kuchen ausgebacken werden können. Sofort essen. Manche mögen's mit Rübenkraut bestrichen, manche essen Hering oder Leberwurst dazu.

Kastenpickert: Nach obigem Rezept backt man den Pickert auch wohl in einer Springkuchenform im Backofen. Nach dem Backen erkalten lassen, in Stücke oder Scheiben schneiden und in einer Pfanne in heißer Butter aufbraten.

Rezept II: 500 g Mehl, 3/8 l Milch, 40 g Hefe, 50 g Rosinen, 2 Eßlöffel Zucker, 1–2 Eier, 1 Teelöffel Salz, 30 g Butter

Diese Art Pickert findet man heute vielfach in den Bäckereien. Man kauft die gebackenen Fladen, backt sie zu Hause wieder auf und ißt sie heiß wie oben beschrieben. Den Hefeteig können Sie aber nach den Zutaten gut und schnell selbst zubereiten. In der Pfanne wird er portionsweise von beiden Seiten gebacken.

Struwen

Sie sind ein Karfreitagsgericht im Münsterland. Sie unterscheiden sich vom Pickert (Rezept II) nur dadurch, daß man sie als kleine Plätzchen abbackt und traditionell nur am Karfreitag ißt. Sie werden entweder mit Zimt und Zucker bestreut oder aber – im Lippstädter Raum – mit Pellkartoffeln in saurer Specksoße (s. S. 94) gegessen. Da man aber am Karfreitag kein Fleisch essen darf (kathol. Fast- und Abstinenztag), wird die Soße durch ein Haarsieb getrieben und ohne die Speckwürfelchen serviert. Man trinkt zu diesem Gericht Milchkaffee, das ist starker Bohnenkaffee, der mit der gleichen Menge Milch »verlängert« wird.

Mehlpfannkuchen

Pfannkuchen aus Mehl, Milch und Eiern sind in Westfalen ein traditionelles Essen nach den sogen. Heischegängen. Das sind Umzüge zu Fastnacht, Ostern, Pfingsten usw., wo Kinder an die Türen klopfen, Sprüche aufsagen und dafür Eier, Mehl und Speck erhalten. Diese Lebensmittel werden dann abends zu Pfannkuchen verbacken und gemeinsam verzehrt. –
Auf den Höfen des Münsterlandes wird Mehlpfannkuchen oft mit-

tags und abends anstelle von Fleisch zum Essen gereicht. Dabei stellt man folgende Kombinationen her:

a) Salzkartoffeln – saure Specksoße – grüner Salat – Pfannkuchen
b) Schnibbelbohneneintopf – Pfannkuchen
c) Abends: frisch zubereitet auf gebuttertem Stuten
d) Morgens: als kalter Rest auf gebuttertem Stuten zum 2. Frühstück.

In Gütersloh und Umgebung ißt man Pfannkuchen mit Stippmilch (s. S. 101) zusammen.

250 g Mehl, ½ l Milch, 2 Eier, ½ Teelöffel Salz, Schmalz oder heute Öl

Die Eier mit dem Salz verschlagen, abwechselnd Mehl und Milch zugeben und zu einem glatten Teig rühren. Der Teig muß ½ Stunde quellen. Fett wird in der Pfanne erhitzt. Man läßt eine Suppenkelle mit Teig in die Pfanne laufen und backt den Teig von beiden Seiten goldgelb aus.

Speck- oder Mettwurst-Pfannkuchen

Dünne Speck- oder Mettwurstscheiben kurz anbraten, den Teig wie oben einlaufen lassen und abbacken. Diese Pfannkuchen sind eine traditionelle Heilig-Abend-Speise in Ladbergen; im Ruhrgebiet ißt man sie am Osterabend, bevor man zum Osterfeuer geht.

Obstpfannkuchen

Sie sind eine sommerliche Variante der üblichen Pfannkuchen zum Abendbrot. Besonders die Kinder freuen sich über die »Süßen«. Dazu eignen sich folgende Obstsorten: frische Pflaumen, frische Kirschen, frische Äpfel.

Der Teig muß etwas dicker sein als beim einfachen Pfannkuchen. Man nimmt etwa 300 g Mehl. Der Teig wird von einer Seite in der Pfanne gebraten. Man gibt auf die ungebratene Seite das geputzte und zerkleinerte Obst und wendet dann den Pfannkuchen. Mit Zucker bestreut servieren. Wichtig ist, daß die Pflaumen halbiert und die Äpfel in feine Scheibchen geschnitten sind. Wenn man etwas mehr Teig in die Pfanne gibt, gelingt der Pfannkuchen anfänglich besser.

Buchweizenpfannkuchen

Buchweizenpfannkuchen ist ein anspruchsloses, jedoch nahrhaftes Gericht. Kenner essen ihn mit Zuckersirup und Pumpernickel oder mit grünem Salat, Bauernbrot und Butter. So üppig allerdings wird er erst in jüngster Zeit serviert. Früher war er für viele arme Familien jahrein, jahraus die Hauptspeise. Denkt man an die Leineweber, die – als das Handweben nicht mehr gefragt war, im Sommer nach Holland in die Ziegeleien gingen, um für den Winter Geld für die Lieben zu erarbeiten – fast ausschließlich von Erbsensuppe und Buchweizenpfannkuchen lebten; denkt man an die münsterländischen Heuerlinge, die ebenfalls im Sommer nach Holland gingen, um dort Torf zu stechen, so bezweifelt man die Beliebtheit des Gerichts. Denn monatelang war Buchweizenpfannkuchen, draußen am Arbeitsplatz über offenem Feuer zubereitet, das Mittagsmenü schlechthin.

1 kg Buchweizenmehl, 1/2 Teelöffel Salz, 5 Eier, 250 g fetter Speck, Schmalz, Kaffee zum Anrühren des Teiges

Aus dem Buchweizenmehl, den Eiern, dem Salz und unter Zugabe von kaltem Kaffee wird ein dickflüssiger Teig bereitet, der mindestens 4 Stunden quellen muß. Der Speck wird in dünne Scheiben geschnitten und mit Schmalz in der Pfanne ausgebraten. Darauf gibt man eine Kelle Teig und backt den Pfannkuchen auf beiden Seiten braun aus.

He frett assen
Desker!

Notizen & weitere Rezepte:

– Eierkäse –

mache ich immer dann,
wenn Marianne aus dem
Siegerland zu Besuch kommt!
Nächster Termin: 10. 8. !

8 Eier mit ½ Liter Buttermilch
und 1 l Vollmilch verquirlen.
Etwas Salz zufügen. Diese Mas-
se im Wasserbad dicklich
schlagen. Den Topf vom Feuer
nehmen, den Käse stocken
lassen. Danach in die Käse-
form (Keramiksieb) füllen
und einige Tage „abtropfen"
lassen. – Mariannes Lieblings-
brotaufstrich!

fig · 9

Soßen

Speckstippe

100 g fetter oder durchwachsener Speck, 1 Eßlöffel Margarine oder Schmalz, 3–4 Zwiebeln

Den Speck und die Zwiebeln in kleine Würfel schneiden und in dem Fett gut ausbraten.
Früher stellte man den Topf mit Stippe in die Mitte des Tisches. Jeder stippte (tunkte) seine in der Schale gekochten und gepellten Kartoffeln hinein und aß sie dann mit Salat. Heute reicht man sie häufig in der Sauciere zu Kurzgebratenem, Salzkartoffeln und Salat.

Saure Specksoße

Sie ist praktisch eine verlängerte und sparsamere Variante der Stippe.

80 g Speck, 20 g Fett, 2–3 Zwiebeln, 40 g Mehl, 1/4–3/8 l Wasser, Salz, Pfeffer, 1 Schuß Essig, 1 Prise Zucker

Speck und Zwiebeln in kleine Würfel schneiden und in dem Fett braun anbraten. Mit Mehl bestäuben, anschwitzen und mit Wasser ablöschen. Mit Salz, Pfeffer, Essig und Zucker abschmecken. Die Soße soll leicht sauer schmecken. Man reicht sie zu Salzkartoffeln, Bohnensalat und Mehlpfannkuchen.

Zwiebelsoße

250 g Zwiebeln, 40 g Butter oder Margarine, 40 g Mehl, 3/8 l Rindfleischbrühe (s. S. 10), Salz, Pfeffer, Zucker, Essig

Die Zwiebeln abziehen und in Würfel schneiden. Das Fett auslassen, die Zwiebeln goldgelb rösten und mit Brühe ablöschen. 5 Min. lang kochen. Die Soße mit Mehl andicken und mit Salz, Pfeffer und Zucker würzen. Soviel Essig dazugeben, daß es eine süß-säuerliche Soße wird.

Zitronensoße

250 g trockener Pumpernickel mit Kruste, 40 g Schmalz oder Margarine, 1/2 Fl. Weißwein, 40 g Zukker, je 1 Prise geriebener Zimt und Muskatnuß, 2 Zitronen, 1 Schuß Essig

Das Schwarzbrot in Stücke schneiden, in dem Fett anbraten und mit dem Wein ablöschen. So lange kochen lassen, bis das Brot zerfällt und weich ist. Dann schlägt man es durch ein Passiersieb und schmeckt mit Zucker, Zimt und Muskatnuß ab. Die Zitronen werden gepellt, gehäutet und in kleine Würfel geschnitten. Mit einem Schuß Essig in die Soße geben und kurz aufkochen. Evtl. noch einmal mit Zucker nachsüßen. Diese Soße reicht man zu gebratenem Wild.

Hagebuttensoße

schmeckt köstlich zu Schinken- oder Wildschweinbraten.

2 große Tassen Hagebutten, 1/2 l Wasser, Schale von 1 Zitrone, 1 Stück Zimtstange, 40 g Zucker, 3/8 l Wein, 2–3 Eßlöffel Kartoffelmehl, evtl. 1 Stich Butter

Die Hagebutten aufschneiden, die Kerne und innneren Haare entfernen und mit dem Wasser zum Kochen bringen. Die Zitronenschalen und Zimtstange mitkochen lassen. Sind die Hagebutten weich, entfernt man die Zitronenschale und Zimtstange, schüttet das Wasser ab und streicht die Früchte durch ein Haarsieb. Dieses Mus wird mit Wein und Zucker aufgekocht, mit Kartoffelmehl gebunden und evtl. mit 1 Stich Butter verfeinert.

Vanillesoße

Knapp 1/2 l Milch, 1 Päckchen Vanille-Soßenpulver, 40 g Zucker

Von der Milch einige Eßlöffel abnehmen und mit dem Soßenpulver verrühren. Die übrige Milch mit dem Zucker erhitzen, von der

Kochstelle nehmen und das angerührte Pulver hineingeben. Aufkochen lassen. Damit sich keine Haut bildet, rührt man die Soße öfter durch, bis sie erkaltet ist.

Wacholdersoße

15–20 Wacholderbeeren, 4 hartgekochte Eier, 1 Eßlöffel Senf, $^1/_2$ Tasse Rotwein, etwas Zucker, 1 Schuß Essig

Die Wacholderbeeren im Mörser fein zerstampfen oder mit dem Messer zerhacken. Die Eigelb auslösen, durch ein Sieb streichen und zu den Wacholderbeeren geben. Mit einem Schneebesen oder Elektromixer nach und nach Senf, Öl und Rotwein hineinschlagen. Das Eiweiß hacken und hineingeben. Mit Zucker und Essig pikant abschmecken.
Häufig wird diese Soße auch mit einer erkalteten Mehlschwitze verlängert.
Sie ist zu kaltem Wild sehr bekömmlich.

Notizen & weitere Rezepte:

fig. 10

Desserts

Sicherlich! Auch die Westfalen sind Leckermäuler, die gern Süßes essen! Aber Alltag, Arbeit und einfache Kost lassen nur selten Zeit, um einen Nachtisch zu zaubern. Bei Festen ist das eine »andere Sache«. Da darf man zwischen 2 oder gar 3 Desserts wählen. Immer aber – wenn man auf Tradition hält – ist der »dicke Reis« dabei. Die übrigen Nachtischideen sind aus den gegebenen Lebensumständen (Garten, Milchwirtschaft und bequeme Resteverwertung) erwachsen.

Dicker Reis

Er ist all überall ein beliebter Nachtisch an Sonn- und Feiertagen. Er wird örtlich verschieden mit Backobst, Zimt und Zucker, Schwarzbrot und Zucker oder mit Saft gegessen.

1 l Milch, 1 Tasse Wasser, 250 g Milchreis (Rundkornreis), 50 g Zucker, 1 Prise Salz

Den Reis waschen, mit einer Tasse Wasser und der Prise Salz aufsetzen und aufkochen lassen. Die Milch zugeben und den Reis darin bei geringer Hitze ausquellen lassen. Dann süßen und auskühlen lassen.

Rhabarberkompott

1 kg Rhabarber, ¼ l Wasser, 125 g Zucker, 2–3 Scheiben Stuten (s. S. 109)

Rhabarber waschen, schälen und in Stücke schneiden. Mit wenig Wasser nicht ganz weich kochen. Von der Kochstelle nehmen, Zucker einstreuen und verrühren. Der Stuten wird in Stücke gebrochen und in das Kompott gegeben. Er macht das Kompott sämig und nimmt die Säure ein wenig weg.

Plundermilch

Die Milch muß frisch und nicht pasteurisiert sein. Sie wurde früher an warmen Tagen abends in eine flache Milchschale geschüttet, abgedeckt und am warmen Ort stehen gelassen. Am anderen Mittag aß man die säuerliche, leicht eingedickte Milch als Kaltschale oder als Dessert mit Zimt und Zucker.
1–1 ½ l Milch auf 4–6 Glasschälchen verteilen. Die Glasschälchen mit einem Tuch bedecken und bei Zimmertemperatur säuern lassen. Man kann den Vorgang des Sauerwerdens verkürzen, indem man einen kleinen Bechern Joghurt vorher unter die Milch mischt. Kurz vor dem Verzehr streut man nach Geschmack Zimt und Zukker über diesen vorzüglichen Nachtisch. Wichtig: Vor dem Verzehr nicht umrühren.

Stippmilch

500 g Quark, ⅜ l Milch, 2–3 Eßlöffel Zucker

Der Quark wird mit der Milch zu einer glatten Creme verrührt und gesüßt.
Man reicht die Stippmilch mit Zimt und Zucker, oder aber man legt frische Früchte wie Erdbeeren, Himbeeren, Johannisbeeren, Pfirsiche, Aprikosen, Kirschen, Brombeeren oder Waldbeeren in eine Schale und deckt die Früchte mit Stippmilch ab.

Westfälische Quarkspeise

Quark anmachen wie bei Stippmilch.

Außerdem: 125 g Pumpernickel, 4 Eßlöffel Rum, 125 g Schokolade, 1 kl. Glas Apfelmus oder Preiselbeeren

Der Pumpernickel wird zwischen den Händen zerrieben, mit etwas Zucker gemischt und mit Rum getränkt. Darüber reibt man Schokolade grob und mischt auch diese unter. Dann füllt man lagenweise in eine Glasschüssel: Quark, Pumpernickelgemisch und das Obst.
Dazu reicht man eine Vanillesoße (s. S. 95).

Hagebuttencreme

750 g dicke Hagebutten (Buddeln), 2 Tassen Wasser, Zucker nach Geschmack, 2 Päckchen gemahlene Gelatine, Eischnee von 3 Eiweiß

Die Hagebutten aufschneiden, auskratzen und mit dem Wasser auf den Herd setzen. Weichkochen und durch ein Sieb passieren. Dann mit dem Zucker so lange kochen lassen, bis sich dieser ganz gelöst hat. Inzwischen die Gelatine quellen lassen und auflösen. In die noch heiße Creme rühren. Auskühlen lassen. Wenn die Creme zu gelieren beginnt, hebt man den Eischnee unter. Man füllt den Nachtisch in eine Glasschale.

Zwiebackpudding

15 Zwiebäcke, 50 g Butter, 100 g Rosinen oder Korinthen, 50 g gehackte Mandeln, ½ l Milch, 4 Eier, 40 g Zucker

Die Zwiebäcke in große Stücke brechen und in der Butter kurz anrösten. Eine Puddingform fetten, die Zwiebackbrocken einschichten und die Rosinen sowie die Mandeln schichtweise mit einstreuen. Die Milch mit den Eiern und dem Zucker verquirlen und darübergießen. ½–1 Stunde ziehen lassen. Die Form schließen und im Wasserbad etwa 1 Stunde kochen lassen.

Brotpudding

250 g Butter, 125 g Zucker, 125 g geriebene Mandeln, 12 Eier, ½ Teelöffel Zimt, 1 Messerspitze gemahlene Nelken, 250 g Pumpernickel

Die Butter mit dem Zucker sahnig rühren, die Mandeln und die Eigelb zufügen und so lange schlagen, bis eine cremige Masse entsteht. Zimt, Nelkenpulver und das feinzerbröckelte Schwarzbrot einmengen. Die Eiweiß zu Schnee schlagen, unterheben und das ganze in eine gebutterte Puddingform füllen. 2 Stunden im Wasserbad kochen lassen.

Schmalzäpfel

Schmalzäpfel sind eine winterliche Delikatesse, die sowohl als Beilage zu Bratwurst, Braten, Wild und Geflügel gereicht werden als auch, mit Zimt und Zucker bestreut, einen kräftigen Nachtisch abgeben.

8–10 feste Äpfel, Schmalz

In einem Fettopf zerläßt man soviel Schmalz, daß die Äpfel darin schwimmen können. Die Äpfel nicht schälen, sondern mit einer Gabel nur einige Male einstechen. In das heiße Fett geben und darin braten, bis die Haut platzt. Mit einer Schaumkelle herausnehmen, auf eine feuerfeste Platte setzen und in den heißen Backofen schieben. So lange nachbacken, bis die Äpfel gar sind.

Bratäpfel mit Vanillesoße

Pro Person 1 saurer Apfel, am besten Boscop

Die Äpfel werden nicht geschält, sondern mit dem Apfelstecher nur in der Mitte ausgebohrt. Sie werden gefüllt:
a) mit Marmelade oder
b) mit einer Mischung aus Zimt und Zucker, Rosinen und gehackten Mandeln.
Eine feuerfeste Form wird ausgebuttert, und die Äpfel werden hineingesetzt. Auf die Äpfel Butterflöckchen geben und in den heißen Ofen schieben (20 Min., 200° C). Die Äpfel werden heiß serviert.
Dazu reicht man eine kalte Vanillesoße (s. S. 95).

Westfälische Weihnachtsspeise

250 g geschälte Nüsse, 1/2 l Sahne, 2 Eßlöffel Zucker, 250 g Weihnachtsgebäck (Spekulatius u. ä.), etwas Likör »Kakao mit Nuß«

Die Nüsse werden in feine Scheibchen geschnitten. Die Sahne schlägt man mit dem Zucker sehr steif. Das Gebäck wird unter einem sauberen Küchentuch mit der Kuchenrolle »zerrollt«, d. h. zu Bröseln gerollt. Nüsse, Brösel und Likör werden vermischt. Nun füllt man die Bröselmischung und die Sahne schichtweise in Gläser und verziert mit Sahnetupfern und ganzen Nüssen oder Spekulatiusfiguren. Die Gläser stellt man auf Dessertteller, die man rundherum mit kleinen Tannenzapfen dekoriert.

Notizen & weitere Rezepte:

fig. 11

Brot und Gebäck

Brot

In früheren Zeiten deckten die Leute auf dem Lande durchweg ihren Brotbedarf mit selbstgebackenem Brot. Interessant ist es dabei zu wissen, daß man längst nicht in allen Teilen Westfalens den berühmten Pumpernickel herstellte, sondern daß durchweg ein Roggenbrot, mit Sauerteig angesetzt, gebacken wurde. Zu besonderen Festtagen wurde ferner auch Stuten, also Weißbrot, gebacken, und in diesem Zusammenhang entstanden auch die bekannten Knabbeln.
Sie werden aus frischem, noch warmem Weißbrot aufbereitet. Man bricht das Weißbrot in große Stücke und schiebt sie nochmals in den Backofen zum Rösten oder Trocknen. Knabbeln waren früher landauf, landab als Fettsoppen oder Milchsoppen zum ersten Frühstück sehr beliebt.
Gebacken wurde übrigens nur alle 14 Tage oder 3 Wochen, da der Backprozeß viel Arbeitsaufwand und Zeit benötigte. Durchschnittlich backte man dann 16–20 Brote. Leider sind die Backhäuser, kurz Backs oder Backes genannt, heute fast alle abgebrochen. Im Wittgensteiner Land, und zwar im Orte Banfe, hat man sich auf die alte Tradition besonnen und solch ein Backhaus wieder aufgebaut. Da wird also wieder wie zu Omas Zeiten Brot gebakken. Der Teig wird am Abend vor dem eigentlichen Backen mit Sauerteig angesetzt. Über Nacht »geht« und »fällt« der Teig. Am anderen Morgen wird das Backes vorgeheizt. In den verschiedenen Teilen Westfalens nimmt man übrigens unterschiedliches Holz dazu. Der Duft des Holzes beeinflußt den Geschmack des Brotes. Während das Backes also aufheizt, wird der Teig geknetet und zu Laiben geformt. Verschiedentlich backte man früher rundes Brot, in das mit einem Messer ein Kreuz eingekerbt wurde. Um Platz im Backes zu sparen, formte man meistens jedoch längliche »angeschobene« Brote.
Das Backhaus ist nach etwa 2 Stunden heiß genug, dann wird es sauber gefegt, und die Brote werden eingeschoben. Die Backzeit beträgt etwa 3 Stunden.
Heute geht es damit bequemer und kürzer – und es gibt wieder Leute, die sich so zum Spaß auch mal selber ein Brot backen. Es ist

sicher eine kleine Sensation, wenn die Familie oder die Gäste ein selbstgebackenes Brot vorgesetzt bekommen.
Es sei hier beispielsweise vorgeschlagen, einmal selbstgebackenen Stuten zu servieren, und zwar als das bekannte »Westfälische Abendmahl«, so benannt nach dem Altarbild in der Soester Kirche »Maria zur Wiese«. Es besteht aus selbstgebackenem Stuten mit Butter, westfälischem Knochenschinken, Pumpernickel und einem »Bullenkopp« (Bier aus einem Steinzeugkrug).

Stuten

1 kg Mehl, ½ l Milch (lauwarm), 40 g Hefe, ½ Eßlöffel Zucker, ½ Eßlöffel Salz, 50 g Schmalz

Hefe zerbröckeln, mit Zucker überstreuen und mit etwas lauwarmer Milch (1 Eßl.) glattrühren. Die Hälfte des Mehls in eine tiefe Schüssel geben, in die Mitte eine Vertiefung drücken und die Hefe hineingeben, etwas Mehl überstreuen und zugedeckt warmstellen. In der Zwischenzeit die Milch mit dem Salz, mit Zucker und Fett lauwarm werden lassen. Nach etwa 15 Minuten die lauwarme Flüssigkeit zu dem Mehl in die Schüssel rühren, bis sich alles gut vermischt. Wenn der Teig glatt ist, nach und nach den Rest des Mehls dazugeben und mit dem Kochlöffel oder dem Knethaken so lange schlagen, bis der Teig fest ist. Nun den Teig auf einem Brett mit den Händen sehr gut durchkneten, bis er sich leicht vom Brett löst. Dann in eine Schüssel geben und wieder zugedeckt etwa 25 Minuten lang gehen lassen (an einem warmen Ort). Wenn sich die Teigmenge verdoppelt hat, noch einmal kurz durchkneten, formen und wieder 15 Min. lang zugedeckt gehen lassen. Nun in den vorgeheizten Backofen schieben und bei 200° C etwa 1 Stunde backen.

Knabbeln

1 ofenwarmer Stuten wird in große Stücke gebrochen und im Ofen gelblich geröstet. Diese großen Knabbeln gibt man, kleiner gebrochen, in die Tassen, bestreut sie mit viel Zucker und übergießt sie mit heißer Milch. Die Haut auf der Milch, bei uns Schmand genannt, krönt dieses 1. Frühstück. Abwandlung: Mischkaffee (Malzkaffee und Milch).

Micken

Früher waren sie überall im Ruhrgebiet bekannt. Sie waren ein Sonntags- und Feiertagsgebäck und sind auch heute noch vielerorts als eine preiswerte Leckerei begehrt. So werden sie hergestellt:

1 kg Mehl, $^3/_8$ l Milch, 60 g Hefe, 125 g Zucker, 100 g Butter, 2 Eier, 1 Teelöffel Salz

Das Mehl wird in eine Schüssel gegeben und in die Mitte eine Vertiefung gedrückt. Die mit etwas lauwarmer Milch und $^1/_2$ Teelöffel Zucker verrührte Hefe kommt in diese Vertiefung und wird mit Mehl zum Vorteig verrührt. Mit Mehl bestäubt muß er 20 Minuten an einem Ort »gehen« (d. h. doppelt so hoch werden). Danach werden Zucker, Eier, Salz, die flüssige, noch warme Butter und der Rest der warmen Milch hinzugegeben und mit dem Vorteig und dem Mehl zu einem glatten Teig verarbeitet. Er wird so lange mit einem Löffel »geschlagen«, bis er geschmeidig ist und sich vom Rand der Schüssel löst. Man knetet ihn danach noch gut durch und läßt ihn wieder 30–40 Minuten »gehen«. Der so vorbereitete Teig wird dann zu länglichen Brötchen geformt und dicht nebeneinander in Reihen auf ein Backblech (oder auch in eine Kastenform) gesetzt. Die Brötchen müssen noch einmal gehen und dabei fest aneinanderstoßen, damit sie recht hoch werden. Diese Brötchen, die wie ein Brot zusammenbacken, nennt man Micken. Man backt sie nach dem »Gehen« etwa 20 Minuten bei mittlerer Hitze. Ausgekühlt bricht man ein Teilstück ab und bestreicht es mit Butter und Marmelade oder ißt es ohne Aufstrich.

Sonntagsbrot »Kooken«

Da man früher kaum Kuchen backte – der Aufwand und die Zutaten waren zu teuer - der Sonntagnachmittag aber doch versüßt werden sollte, backte man samstags mit dem übrigen Brot zusammen auch ein besonders süßes, saftiges Brot, den »Kooken«. Der Teig ist der gleiche wie der Mickenteig, aber es werden zusätzlich Korinthen, Rosinen und getrocknete Birnen – in Würfel geschnitten – eingearbeitet. Mit Butter bestrichen und mit Prüttkaffee dazu – da konnten die Verwandten ruhig zu Besuch kommen. Ein besonderer Brauch um diese Kooken hat sich im Bocholter Raum erhalten, wo sie um Weihnachten als die »Kookendage« gefeiert werden. Diese dauern von Weihnachten (Sünte Steffens Dag) bis Dreikönige. In diesem Zeitraum, in dem nur die notwendigsten Arbeiten verrichtet wurden, besuchte man die Verwandten und Nachbarn wechselseitig. Man ging »Henn-Kooken«, d. h. Hin-Kuchen feiern. »Kooken« kann jedoch nicht so verstanden werden, daß ausschließlich Kuchen gegessen wurde. Vielmehr gehörten Brot, süßer Stuten, Schinken und die frischen Würste aus der letzten Hausschlachtung ebenso dazu. Zu trinken gab es Bier und Korn und für die Frauen »Klünteken-Korn«, das ist Korn mit einem Kandiswürfel, also »Sööter«.

Besondere Bedeutung hatten diese Kookendage für das Gesinde. Es bekam – als einzigen Urlaub im Jahr – in dieser Zeit drei Tage frei, um die Eltern zu Hause zu besuchen. Auf großen Höfen wurde der Urlaub geteilt, so daß die einen vor Neujahr und die anderen Mägde und Knechte nach Neujahr »Henn-Kooken«. Der Bauer entließ das Gesinde mit einem großen, runden Bauernstuten und der Frage »Wor gehste hen?« Und die fröhliche Antwort lautete: »Henn-Kooken!« Kamen die Leute nach den drei Tagen zurück, so wurde gefragt: »Wo kümste her?« Und mit gespielter Traurigkeit wurde geantwortet: »Van't Kooken!«

Semmel

Während man im Märkischen Kreis das ganze Jahr über Pumpernickel aß, freute man sich, wenn die Mutter zu Weihnachten »Semmel« backte, ein sog. Mengbrot.

375 g gesiebtes Roggenmehl, 700 g Weizenmehl, 40 g Hefe, $\frac{1}{2}$ l lauwarme Milch, $\frac{1}{2}$ Teelöffel Zucker, $\frac{1}{2}$ Teelöffel Salz, 20 g Schmalz, 2 Eier

Den Teig wie im Rezept Stuten – zuzüglich der Eier – erstellen. Zu einem länglichen oder runden Brot formen und abbacken.

Tante Söffken nicht vergessen!

Stutenkerle/Weckmänner

Ein beliebtes Gebäck zum Nikolaustag ist der sog. Stutenkerl, ein aus Brotteig hergestelltes Männchen. Jedes Kind findet es am Nikolausmorgen auf seinem Teller und nimmt es als Frühstück mit zur Schule.

Platt: „Klaos-käl“

500 g Mehl, 40 g Hefe, $\frac{1}{4}$ l Milch, 1 Prise Salz, 100 g Margarine, 60 g Zucker, 2 Eier

Aus den Zutaten einen geschlagenen Hefeteig herstellen. Ausrollen. Eine Schablone für den Stutenkerl herstellen. Ausschneiden. Als Augen 2 Rosinen einsetzen. Eine kleine Tonpfeife da einlegen, wo der Mund angedeutet wird. Abbacken. Evtl. mit Zuckerglasur zart überziehen.

Thomasplatz

Der Thomastag, der 21. Dezember, wird im Sauerland in besonderer Weise gefeiert. Wer an diesem Tag als letzter der Familie aufwacht, wer als letzter am Arbeitsplatz erscheint, wird »Thomasesel« tituliert. Er erhält einen auf Pappe gemalten Esel, und den ganzen Tag über muß er sich den Scherzen der anderen aussetzen.

Den Ausgang des Festtages begeht man mit dem Verzehr eines Thomasplatzes.

1 kg Mehl, ½ l Milch, 300 g Zucker, 200 g Rosinen,
250 g Fett, 1 Eßlöffel Öl, 60 g Hefe

Der Hefeteig wird vorbereitet wie Micken (s. S. 110). Die Rosinen werden 1 Stunde vorher in Einweichwasser gelegt, anschließend in Mehl gerollt und mit dem Teig verknetet. Man formt einen runden Brotlaib, schneidet ein Kreuz hinein und backt den Platz etwa 1 Stunde bei 200° C. Er wird noch warm mit flüssiger Butter und kalt mit leichtem Puderzuckerguß hauchdünn bestrichen.

Salzkuchen

Außerhalb Dortmunds wenig bekannt, in Dortmund aber sind sie seit über hundert Jahren heißgeliebt. Sie werden jeden Morgen in den Bäckereien angeboten und sind immer sehr schnell vergriffen. Es gibt wohl keine Kneipe, keine Gaststätte, die nicht Salzkuchen auf der Speisekarte führt. Salzkuchen sind »handgezogene« Brötchen, pikant gewürzt und gefüllt. So werden sie hergestellt und serviert:
Brötchenteig wird gerollt. Eine Scheibe wird von der Rolle abgeschnitten und von Hand so gezogen, daß in der Mitte ein Loch entsteht. Man mischt grobes Salz mit Kümmel im Verhältnis 1:3, bestreicht die Brötchen mit Wasser und bestreut sie mit der Salz-Kümmel-Mischung. Dann werden sie knusprig braun gebacken. Vor dem Servieren werden die Salzkuchen wieder aufgewärmt, durchgeschnitten und dick mit Mett belegt. Auf das Mett gibt man grobe Zwiebelwürfel, klappt die Oberseite darüber und streut die restlichen Zwiebelwürfel in das Loch. Können Sie sich denken, daß diese Salzkuchen herrlich zu Bier und Schnaps schmecken? Viele Gaststätten Dortmunds bieten sie seit einiger Zeit auch mit Tartar, einer dicken Scheibe Schwartemagen oder mit Käse an.

Kartoffelbrot

200 g gekochte, zerstampfte Kartoffeln, 1/2 l Wasser, 60 g Hefe, 1 Teelöffel Zucker, 40 g Schmalz, 4 Eßlöffel Sirup, 750 g Reismehl, 1/2 Teelöffel Salz

Den Kartoffelschnee mit dem lauwarmen Wasser gut verschlagen. Die Hefe mit dem Zucker und etwas lauwarmem Wasser glattrühren und in die Kartoffelmasse arbeiten. Sirup, Fett und Reismehl vorsichtig unterrühren. Der Teig muß sehr klebrig sein. Warmstellen und gehen lassen. Gut durchkneten und dabei evtl. noch Mehl einarbeiten. Den Teig in eine Kastenform füllen und bei 200° C etwa 1 Stunde backen.
Im Siegerland gibt es dieses Brot fast täglich zum nachmittäglichen Kaffee. Das Brot wird in Scheiben geschnitten und mit Birnenkraut bestrichen.

Für Claus gebacken am 9. April

Pumpernickel

ist ein schwarzes Roggenschrotbrot. Es wird unter Zusatz von Rübenkraut hergestellt und erhält dadurch seinen süßlichen Geschmack und sein feuchtglänzendes Aussehen. Pumpernickel gilt neben dem Schinken in der ganzen Welt als die münsterländische Spezialität schlechthin.
Früher backte man diese Brote nur alle 14 Tage, da der Teig eine langwierige Behandlung erforderte. Der Großknecht mußte z. B. den Teig mit den Füßen trampeln und kneten. Dann ruhte der Teig 1–2 Tage und wurde anschließend wieder vom Großknecht bearbeitet. Die Laibe wurden wie Ziegelsteine kantig geformt und wogen bis zu 40 Pfund. Wen wundert es da, daß sie eine ganze Nacht lang, nach Größe bis zu 24 Stunden, im Backes backen mußten. Aufgehoben wurden die Brote im sog. Brotschap, dem Brotschrank. Dem Großknecht oblag es, jeden Morgen die Tagesration zu schneiden.

Mit Käse zwar nicht typisch, aber lecker!

Und so wird es gegessen: 1. Mit Butter bestreichen, mit Wurst oder Schinkenscheiben belegen.
2. Eine deftige Scheibe Stuten buttern, mit Schinkenscheiben belegen und mit gebuttertem Schwarzbrot bedecken. Dazu ißt man häufig Gewürzgürkchen.
3. Alt und hart gewordene Krusten und Restscheiben zu Desserts (s. S. 101) und zu Kuchen (s. S. 116) verwerten.

Ein echter Westfale mag den Ausspruch des abenteuerlichen Simplicissimus Teutsch ». . . da (in Soest) lernte ich das schwarze Brot fingerdick mit gesalzener Butter schmieren und mit Käse belegen, damit es desto besser rutsche« eher glauben als seine Klage einige Zeit früher: ». . . so kam es, daß ich den trockenen Pumpernickel gewaltig beißen und mich mit Wasser oder auch mit dünnem Bier behelfen mußte, welches mir eine abgeschmackte Sache war, wurde mir doch meine Kehle von dem schwarzen trockenen Brot ganz rauh und mein ganzer Leib ganz mager.«

Kuchen

Noch zu Zeiten unserer Großmutter waren Kuchen und Torten nur den großen Festen vorbehalten. Und auch da backte man keine teuren und raffinierten Torten, sondern man wellte guten Hefebrotteig auf einem Backblech aus und belegte ihn mit Obstmus oder mit Streuseln.

Westfälischer Platenkuchen

1 Rezept Mickenteig, 2–3 große Gläser Pflaumenmus oder Apfelmus, Eigelb

⅔ des Teigs auf einem gefetteten Backblech ausrollen und gehen lassen. Dann dick das Mus daraufstreichen. Den restlichen Teig ausrollen und mit einem Kuchenrädchen in Streifen rädeln. Diese Streifen gitterartig über das Mus legen und mit verschlagenem Eigelb bestreichen. Bei 200° C etwa 30–45 Min. abbacken. Frisch aber erkaltet in große Stücke schneiden und sofort essen.

Ein Blech wird wohl nicht reichen! Ich backe gern 2 Platen: 1 mit Apfelmus, 1 mit Pflaumenmus! Das reicht gerade für sonntags – hmmm!

Westfälischer Kaffeekuchen

1 Rezept Mickenteig, 250 g gewaschene Rosinen
Streusel: 300 g Mehl, 150 g Zucker, 1 Päckchen Vanillezucker, 150 g Butter

In den Teig zusätzlich die Rosinen einkneten. Auf einem gefetteten Backblech ausrollen und gehen lassen. Inzwischen die Streusel herstellen: Das Mehl, den Zucker und den Vanillezucker in einer Schüssel vermengen. Die Butter zart schmelzen und über das Gemisch gießen. Mit den Händen verkneten und zerkrümeln. Diese Streusel auf den Teig streuen und bei 200° C etwa 30–45 Minuten abbacken.
Noch heute ist dieser Kaffeekuchen fester Bestandteil bei Kindtaufen und Beerdigungen.

Warburger Knappkuchen

1 kg Mehl, 1 Päckchen Backpulver, 500 g Zucker, 500 g Butter, 8 Eier, 1 verschlagenes Eiweiß, Hagelzucker zum Bestreuen

Aus Mehl, Backpulver, Zucker, Butter und den Eiern einen guten Mürbeteig kneten. Diesen auf einem gefetteten Blech ausrollen, 1 Stunde ruhen lassen, mit Eiweiß bestreichen und dann mit Hagelzucker bestreuen. Im Backofen bei 200° C etwa 20–30 Minuten abbacken. Noch warm in Vierecke schneiden. Auf dem Blech auskühlen lassen. In Blechdosen aufbewahren.

Pumpernickeltorte

500 g geriebener Pumpernickel, 125 g Zucker, 125 g Butter, 10 Eier, 125 g Korinthen, 125 g Rosinen, 50 g Zitronat, 50 g gemahlene Mandeln, 1 Teelöffel Zimt, 1 Messerspitze gemahlene Nelken
Zum Bestreuen: 50 g Mandelblättchen

Den Pumpernickel fein reiben. Zucker und Butter schaumig rühren. Nach und nach die Eigelb zugeben, bis eine sahnige Creme entsteht. Die übrigen Zutaten außer dem Eiweiß zugeben. Die Ei-

weiß steif schlagen und vorsichtig unterheben. In eine gefettete Springform füllen, mit Mandelblättchen bestreuen und bei 175° C etwa ¾–1 Stunde langsam abbacken. Nach dem Auskühlen mit Zitronen- oder Rumglasur bestreichen.
Glasur: 250 g Puderzucker mit soviel Zitronensaft oder Rum verrühren, daß ein dickflüssiger Brei entsteht.

Kleingebäck

Äpfel im Schlafrock

Besonders im Herbst, wenn die ersten frischen Äpfel reif sind, schmeckt dieses Gebäck gut. Ich kann mich gut erinnern, daß ich als Kind nur den Bauern bei der Kartoffelernte half, von denen ich wußte, daß es bei ihnen zur Kaffeezeit »Äpfel im Schlafrock« gab. Der Lohn war nebensächlich!

500 g Mehl, 40 g Hefe, ¼ l Milch (lauwarm), ½ Teelöffel Salz, 60 g Schmalz und Margarine, 40 g Zucker, 8 mürbe Äpfel

Die Hefe zerbröckeln, mit Zucker überstreuen und mit etwas lauwarmer Milch (3 Eßl.) glattrühren. Die Hälfte des Mehls in eine tiefe Schüssel geben, in die Mitte eine Vertiefung drücken und die Hefe hineingeben, etwas Mehl überstreuen und zugedeckt warmstellen.
In der Zwischenzeit die Milch mit dem Salz, mit Zucker und Fett lauwarm werden lassen. Nach etwa 15 Minuten die lauwarme Flüssigkeit zu dem Mehl in die Schüssel rühren, bis sich alles gut vermischt. Wenn der Teig glatt ist, nach und nach den Rest des Mehls dazugeben und mit dem Kochlöffel oder dem Knethaken so lange schlagen, bis der Teig fest ist. Nun den Teig auf einem Brett mit den Händen sehr gut durchkneten, bis er sich leicht vom Brett löst. Dann in eine Schüssel geben und wieder zugedeckt etwa 25 Minuten lang gehen lassen (an einem warmen Ort). Wenn sich die Teigmenge verdoppelt hat, noch einmal kurz durchkneten, formen und wieder 15 Minuten lang zugedeckt gehen lassen. Dann dünn ausrollen.

Im Münsterland nennt man sie schlicht „Apfelstuten"

Man wäscht die Äpfel, bohrt das Kerngehäuse heraus und legt je 1 Apfel auf ein viereckiges Stück Teig, bepinselt die Ränder des Teiges mit Eigelb, bestreut die Äpfel mit Zucker, schlägt den Teig von den vier Ecken aus über den Apfel und bestreicht ihn mit Eigelb. Die Äpfel werden bei starker Hitze gebacken und nach dem Backen mit Zuckerglasur bestrichen.

Waffeln

150 g Butter, 4 Eigelb, 4 Eiweiß, 300 g Mehl, 1 Vanillezucker, 1/4 l Wasser

Vatis Geburtstagswunsch

Die Butter schaumig rühren und nach und nach das Eigelb dazugeben. Das gesiebte Mehl und der Vanillezucker werden abwechselnd mit dem Wasser untergerührt. Zum Schluß hebt man das steifgeschlagene Eiweiß vorsichtig darunter.
Der Teig wird in ein gut erhitztes und gefettetes Eisen gefüllt und goldbraun gebacken.
Die Waffeln werden mit Puderzucker bestreut. Sie schmecken am besten frisch und mit Schlagsahne.

Eiserkuchen »Niejöhrkes«

Am letzten Tag des Jahres wurden in fast allen Familien Westfalens Eiserkuchen gebacken. Daran beteiligte sich die ganze Familie. Früher benutzte man dazu gußeiserne Backzangen, die man in das offene Herdfeuer hielt, heute gibt es elektrische Eisen. Die Hörnchen wurden am Neujahrstag dem Besuch angeboten, daher nannte man sie auch »Niejöhrkes«.

65 g Butter, 250 g Zucker, 1 Päckchen Vanillezucker, 2 Eier, 250 g Mehl, 3/8 l Wasser

Die Butter schaumig rühren und nach und nach Zucker und Eier hineinrühren. Das gesiebte Mehl abwechselnd mit dem Wasser unterrühren. Der Teig muß ziemlich dünn sein. Eiserkucheneisen erhitzen und mit einer Speckschwarte fetten. Einen großen Löffel

Lecker mit Preiselbeersahne!

voll Teig auf das Eisen geben, zuklappen und goldbraun backen. Das hauchdünne Gebäck schnell vom Eisen lösen und zu Tüten oder Röllchen wickeln. In Blechdosen halten sich diese Eiserkuchen über Wochen hinweg knusprig frisch.

Spekulatius

Dieses Weihnachtsgebäck ist ursprünglich in Holland beheimatet, hat aber auch in Westfalen festen Fuß gefaßt. Auf wohl keinem Weihnachtsteller fehlen diese kleinen, in speziellen Holzmodeln geformten Gebildbrote. Ihr Name »Spekulatius« rührt von dem lateinischen Wort »speculator«, d. h. Aufseher, Bischof, her. Denn die Plätzchen werden seit jeher zu Ehren des hl. Nikolaus gebakken, dessen Namenstag in Holland ganz besonders gefeiert wird.

250 g Butter, 2 Eier, 300 g Zucker, 1/2 Teelöffel Zimt, 1 Messerspitze gemahlene Nelken, 1 Messerspitze gemahlener Kardamom, 1 Prise Salz, 500 g Mehl

Butter und Zucker schaumig rühren, Eier zugeben und cremig schlagen, dann nach und nach alle anderen Zutaten einarbeiten. Von dem Mehl nimmt man etwa 400 g, um einen festen Knetteig zu erhalten. Den Rest des Mehls braucht man zum Ausrollen und Bestäuben des Models und des Backblechs. Den Teig über Nacht ruhen lassen.
Model mit Mehl einstäuben, Teig in die Vertiefung pressen und den überstehenden Rest mit einem Messer abschaben. Die Plätzchen aus der Form schlagen und auf ein gefettetes, bemehltes Backblech legen. Wenn Sie kein Model besitzen, nehmen Sie andere Plätzchenausstechformen! Im vorgeheizten Backofen bei 200° C etwa 10 Minuten abbacken.
Eine verfeinerte Art sind die Mandelspekulatius. Da werden, wenn der Teig in den Modeln steckt, Mandelblättchen auf die Flächen gepreßt. Die Mandeln sind also beim Abbacken auf der Unterseite.

Pfefferkuchen

Westfalen ist nicht gerade ein Pfefferkuchenland wie man es von Schlesien und Sachsen/Thüringen behauptet. Trotzdem aber hat es auch hier etliche Pfefferkuchenbäckereien gegeben. Greven, Kamen (allerdings nur bis 1856), Bielefeld sind große Namen für eine Industrie, die alle Jahrmärkte der Umgebung mit diesen süßen Leckereien versorgte. Wer kennt sie nicht, die weißen und dunklen runden Pfefferkuchen, die buntbemalten Lebkuchenherzen und die länglichen Printen? Ein köstlicher Gewürzduft zieht durch das Haus, wenn man diese Gebäcke abends zu Glühwein oder gewürztem Tee verzehrt.

500 g Honig, 500 g Zucker, je 1 Teelöffel Kardamom, Nelken (gemahlen), 1 kg Mehl, 2 Eier, 250 g gemahlene Mandeln, 50 g gewürfeltes Zitronat, 15 g Pottasche, in 4 Eßlöffel Wasser gelöst, Zuckerguß und etwas Zitronensaft oder Wasser

Die gemahlenen Mandeln und das gehackte Zitronat werden mit dem Mehl vermischt. Honig und Zucker werden auf dem Herd aufgekocht und mit den Gewürzen gemischt. Diese heiße Masse wird von der Mitte aus in das Mehl gearbeitet, so daß ein weicher Brei entsteht. Wenn die Masse abkühlt, gibt man die verschlagenen Eier und die aufgelöste Pottasche zu und rührt sie unter den Teig. Dann knetet man den Rest des Mehls in diesen weichen Teig, bis er nicht mehr klebt. Er wird etwa $\frac{1}{2}$ cm dick ausgerollt und mit verschiedenen Formen zu Plätzchen ausgestochen. Bei Mittelhitze etwa 15 Minuten abbacken. Nach dem Auskühlen mit Glasur bestreichen. Der Pfefferkuchen schmeckt erst nach ein paar Tagen so richtig gut. In Blechdosen aufbewahrt, hält er sich monatelang frisch.

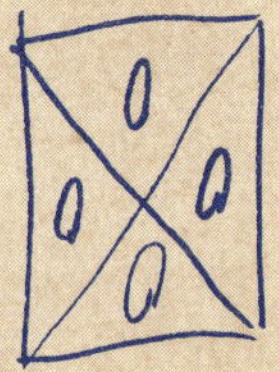

Ölkrabben

500 g Mehl, 30 g Hefe, 75–100 g Zucker, 1 Prise Zucker, knapp 1/4 l Milch oder Rahm, 125 g Butter, 1 ganzes Ei, Schmalz zum Ausbacken, Zucker

Einen Hefeteig wie auf Seite 110 herstellen. Dann wird in einer Kasserolle Schmalz erhitzt. Mit dem Löffel Teig abstechen und als Kugeln in dem heißen Fett ausbacken. In eine Schüssel legen und mit Zucker überstreuen.
Ölkrabben werden hauptsächlich zu Silvester, Neujahr und Fastnacht gebacken.

Abänderung:
In manchen Familien bevorzugt man sie mit Rosinen. Dazu braucht man etwa 150 g, die in den Teig eingearbeitet werden. Anschließend nach dem Backen rollt man sie durch ein Zimt-Zukker-Gemisch.

Wiehnachten bäck
Jan un alle Mann,
Ostern bäck, wie et kann,
Pingsten bäck de rieke
Mann.
(Sprichwort aus dem
Lipperland)

fig. 12

Getränke

Bier

wurde früher in den Haushalten gebraut. Es gehörte zu den Hauptgetränken für die ganze Familie. Den Knechten und Mägden stand sogar ein festes Quantum Bier pro Tag als Teil der Entlohnung zu. Im Sommer wurde Bier zur Erfrischung unter Zusatz von verschiedenen Früchten getrunken, so wie es noch heute als sogenannte Bierbowle in manchen Gaststätten angeboten wird. Erhitztes Bier galt wegen seiner schweißtreibenden Wirkung als bewährtes Heilmittel bei Erkältungen.
Bei Bier konnte man sich keine Seuchenkrankheiten zuziehen, denn durch die Gärung wurden gesundheitsschädliche Keime abgetötet. Trinkgefäß waren große Steingutkrüge mit aufklappbaren Zinndeckeln. Auf großen Bauernhöfen gab es eigens Brauhäuser. Einzelne spiekerähnliche Exemplare sind hier und da noch zu finden. Viele altmünsterische Gaststätten entstanden aus Braustuben, von denen eine große Anzahl über das ganze Stadtgebiet verteilt war.
Erst im Zuge der Arbeitsteilung entwickelten sich im vorigen Jahrhundert die großen Brauereien, in denen das Bier heute industriell, aber noch nach alten, hauseigenen Rezepten gebraut wird.

Kinderbier

Hier und da erhielten die Kinder an schönen Sonntagabenden ein eigenes Kinderbier. Dazu wurden Eier mit Zucker sahnig geschlagen und schließlich das dunkle Bier hinzugegeben. Dann prosteten sie dem Vater mit seinem Bierkrug lustig zu.

Altbierbowle

Frische Früchte (Erdbeeren, Himbeeren, Ananas) zuckern und Saft ziehen lassen. 1–2 Eßlöffel in ein Altbierglas füllen und mit Altbier auffüllen. Im Winter nimmt man Früchte aus dem Glas oder aus der Dose.

Korn

Ich habe Sie schon mehrfach auf den münsterländischen Korn hingewiesen. Der aus Roggen gewonnene Schnaps wurde früher auf den Bauernhöfen gebrannt. Heute stellt man ihn überwiegend in kleineren und größeren Brennereien her, die in vielen Orten des Münsterlandes anzutreffen sind.
Aus gläsernen »Pinnekes« oder »Hüüldoppen« oder aus Zinnlöffeln dem Besuch angeboten, vormittags, abends, zu kräftigen Speisen und zum Bier getrunken, wirkt er appetitanregend. Er steigert das Wohlbefinden, verbessert die Bekömmlichkeit der Speisen und ist ein bewährtes Hausmittel gegen aufkommende Erkältungen.

"Alles mit Maßen", sagte der Bauer

Aufgesetzter

ist eine beliebte, etwa dem Likör angenäherte Variante des »Korns« mit süßlich-fruchtigem Geschmack, der sonntags nachmittags dem Besuch angeboten wurde.
Flaschen, bei größeren Mengen Korbflaschen, werden von der Hausfrau bis zu einem Drittel mit schwarzen Johannisbeeren oder mit Sauerkirschen aufgefüllt. Überdeckt mit einer fingerdicken Schicht weißen Kandiszuckers, wird dann schließlich bis zum Rande 32 %iger »Klarer« aufgesetzt.
Bei den Sauerkirschen gibt eine Vanilleschote noch eine charakterisierende Abrundung. Den mit schwarzen Johannisbeeren aufgesetzten Schnaps nennt man auch »Kassebetten«.
Der Aufgesetzte soll mindestens sechs Wochen lang gut durchziehen. Es empfiehlt sich auch, ihn während dieser Zeit ans Fenster zu stellen, damit er sich bei Sonnenlicht und mäßiger Wärme voll entfalten kann. Das dunkelrot schimmernde und blumig duftende Getränk stellt die kluge Hausfrau dann jedoch besser sorgsam in eine etwas dunklere Ecke. Es könnte vorzeitig »auf« sein.

... und trank sich auch davon einen.

Heinz macht ihn auf Himbeeren

Glühwein

An Silvester oder an langen kalten Winterabenden ein belebendes Getränk.
Je Flasche Rotwein, Saft von 1 Orange, ½ Teelöffel Zimt und 1 Eßlöffel Zucker zusammen erhitzen, bis sich der Zucker gelöst hat. Heiß trinken. Achtung: Nicht kochen lassen!

Prüttkaffee

Pro Tasse 1–2 gehäufte Löffel feingrießig gemahlener Bohnenkaffee –
Kanne vorwärmen, frisch sprudelndes, kochendes Wasser aufgießen, mit dem Löffel umrühren, 10 Minuten ziehen lassen.
Unsere Oma nahm eine Prise Salz bzw. Kakao dazu.

Tip: Die Kanne sollte unten möglichst breit sein, damit das Kaffeemehl sich setzen kann.

Notizen & weitere Rezepte:

Seinen Magen nicht betrügt,
Wer mit Gutem sich begnügt,
Wer auf Bessres hofft,
Täuscht bei Tisch sich oft.

Inhaltsverzeichnis

Suppen, Soppen und Kaltschalen

Suppen:

Soppen:

Kaltschalen:

Fleischgerichte

Hausschlachtung

Wild und Geflügel

Wild:

Geflügel:

Fischgerichte

Eintopfgerichte

Suppeneintöpfe:

Gemüseeintöpfe:

Gemüse und Salate

Gemüse:

Desserts

Brot und Gebäck

Brot:

Kuchen:

Salate:

Aufläufe und Pfannengerichte

Soßen

Desserts

Brot und Gebäck

Brot:

Kuchen:

Kleingebäck:

Getränke

Wenn Sie sich für weitere Bücher aus unserem Verlag interessieren, schreiben Sie uns oder fragen Sie Ihren Buchhändler. Nachdem Sie dieses Buch kennengelernt haben, werden Ihnen sicher auch unsere anderen Titel zusagen, wobei Sie diejenigen, die wie das vorliegende Buch auch zur Landschaftsserie gehören, alle zu dem gleichen Preis erwerben können.
Eine kleine Überraschung haben wir noch für Sie. Sie können bei uns eine Schürze aus dem gleichen Umschlagstoff dieses Buches, aber auch aller anderen Landschafts-Titel unseres Verlages bestellen, besonders zum Verschenken und Selberschenken, zum Preis von DM 18,–. Sie wird Ihnen bestimmt gefallen!

In unserem Verlag sind erschienen:

Das Brotbackbuch
Das Kochbuch aus Hamburg
Das Kochbuch vom Oberrhein
Das Kochbuch aus Berlin
Das Kochbuch aus München und Oberbayern
Das Kochbuch aus Franken
Das Kochbuch aus Bremen
Das Kochbuch aus dem Münsterland
Das Kochbuch aus Hessen
Das Kochbuch aus Thüringen, Sachsen und Schlesien
Das Kochbuch aus Mecklenburg, Pommern und Ostpreußen
Das Kochbuch aus der Pfalz
Das Kochbuch aus Schleswig-Holstein
Das Kochbuch aus dem Rheinland
Das Kochbuch aus Schwaben
Das Kochbuch aus dem Ruhrgebiet
Das Kochbuch aus Niedersachsen
Das Kochbuch aus Ostfriesland
Das Kochbuch aus dem Saarland
Das Kochbuch aus dem Schwarzwald

Das Kochbuch aus Wien
Das Kochbuch aus Tirol
Das Kochbuch aus Kärnten

Das Kochbuch aus dem Bernbiet
Das Kochbuch aus Zürich
Das Kochbuch aus der Innerschweiz
Das Kochbuch aus Basel

Das Kochbuch aus dem Elsaß (franz./deutsch)
Das Kochbuch aus Schottland (engl./deutsch)
Das Kochbuch aus Lyon (franz./deutsch)

In Vorbereitung:
Das Kochbuch aus Graubünden
Das Kochbuch aus der Westschweiz
Das Kochbuch aus dem Tessin (italienisch/deutsch)